시니어 스토리텔링 놀이치료

고재욱 · 성현주

문현출판

책을 내며

그 누구도 시니어가 될 수 밖에 없습니다.
그 누구도 할아버지와 할머니가 될 수 밖에 없습니다.
그 누구도 피해 갈 수 없는 단어, '시니어'입니다.

그렇다면, 인생 100세 시대를 맞이하여
시니어들은 어떻게 노후를 보내야 할까요?

시니어들은 가장 아름답고 행복한 삶을 살아야합니다.
척박한 시대적 환경 속에서 치열하게 젊음을 보내야 했고
엄마아빠, 혹은 그 누구라는 이름으로 자신을 희생하며 살아왔기에
오늘날 대한민국이 존재하기 때문입니다.

"당신은 움츠리기보다 활짝 피어나도록 만들어진 존재입니다."
미국 유명한 MC가 청춘들에게 했던 이 말이,
시니어들에겐 더 새로운 의미로 와 닿으리라는 생각이 듭니다.

이 책은 두 가지의 목적을 두고 집필하였습니다.
첫째는 산업화에 따른 핵가족화, 물질만능주의로 인한 상대적 빈곤감, 질환 등으로
힘든 시니어를 위한 스토리텔링놀이치료 방법입니다.
스토리텔링 놀이치료는 자발적인 교육의 의미를 가질 뿐만 아니라, 시니어들이 긴
세월을 살아오면서 실제 상황에서 겪었던 슬프고, 화나고, 괴로웠던 감정을 달래주
는 치료적 의미를 지닌다는 점에 착안하여 쓰인 것입니다.
제시된 프로그램은 전래동화와 동시를 언어·미술·음악·율동 등의 통합적 접근을
통해 시니어의 인지기능을 향상시키는 뇌 촉진 활동놀이입니다. 이러한 활동은 등
장인물과 동일시하는 스토리텔링 과정을 통해 자기인식 및 이해, 가족과 타인에 대

한 인식 및 수용, 긍정적 사고를 향상시킬 수 있습니다.

둘째는 건강한 시니어들의 일자리 창출을 위한 지도서입니다. 전반적인 삶의 현장을 경험해 온 시니어들이 〈어린이책 스토리텔러〉라는 제2의 직업을 가질 수 지도함으로써 일자리창출과 더불어 사회소속감과 삶의 보람을 주고자 하였습니다.

행복한 삶이 되기 위해서는
어린이와 시니어의 몸과 마음이 건강해야 합니다.
이 두 꼭지점은 삶의 시작이자 마무리이기 때문입니다.

이 책이 시니어들에게 건강하고 행복한 삶을 살아가는데 마중물이 되길 기도합니다.

2016. 3
고재욱 · 성현주

시니어 스토리텔링 놀이치료 수업의 유형

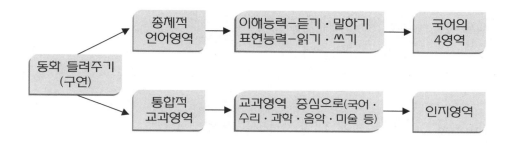

시니어 스토리텔링 놀이치료 수업 순서

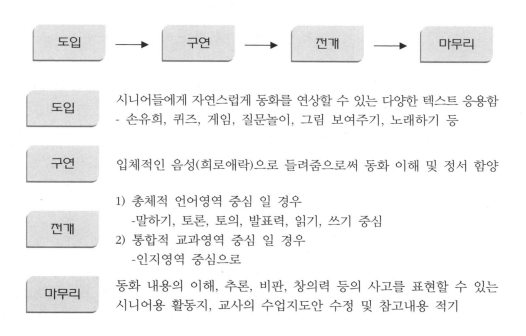

▌차례

Chapter 1
노인 복지 이해

노인 복지 이해

제1절 노인의 정의

　고령화 진전으로 노인에 대한 인권 보호로 18대 국회에 제출된 성년후견인 법안은 법사위를 거쳐 2011년 2월 18일에 국회 본회의를 통과해 2013년 7월부터 성년후견제도가 시행될 예정이다. 또한 베이비부머(1946~1965년생)의 농촌 이주 작전이 시작되면서, 2011년 10,503가구에서 2012년 상반기 8,706가구로 귀농정책은 이들의 소득과 고용보장 차원에서 갈수록 중요한 해결 열쇠로 떠오르고 있다. 이처럼 퇴직예정자의 증가에 따른 노인복지에서 먼저 노인의 정의를 살펴보고자 한다.

　노인복지를 이해하기 위해서는 노인복지의 주 대상자인 노인의 개념을 명확하게 이해하는 것이 필요하다. 한국 노인복지에서는 일반적으로 국제노년학회와 Breen의 정의를 주로 인용하고 있다.

　우선 1951년 제2회 국제노년학회에서는 노인[1]이란 생리적, 행동적, 심리적, 사회적으로 노화과정의 변화가 복합적으로 작용하는 사람이라 규정하고 있으며, 노인을 다음과 같이 다섯 가지 특징을 가진 사람으로 정의하고 있다. 첫째, 환경의 변화에 적절히 적응할 수 있는 조직기능이 감퇴되고 있는 사람, 둘째, 생체의 자체 통합능력이 감퇴되고 있는 사람, 셋째, 인체의 기관, 조직, 기능에 쇠퇴현상이 일어나는 시

---

1) 영어 : old persons, the aged, the elderly, the third age, the aging, senior citizens 등으로 표기한다.

기에 있는 사람, 넷째, 생체의 적응이 제대로 되지 않는 사람, 다섯째, 조직의 예비 능력이 감퇴되어 환경변화에 적응이 제대로 되지 않는 사람이다.

Breen(1960)은 노인을 첫째, 생리적 및 생물학적인 면에서 퇴화기에 있는 사람, 둘째, 심리적인 면에서 정신기능과 성격이 변화되고 있는 사람, 셋째, 사회적인 면에서 지위와 역할이 상실되어 가는 사람으로 보고 있다.

위와 같은 정의를 검토해 보면, 노인은 생리적 및 신체적 기능의 퇴화와 더불어 심리적 변화가 일어나서 개인의 자기유지 기능과 사회적 역할 기능이 약화되고 있는 사람이라고 정의할 수 있다.

한편 실제로 사회과학적 조사 연구 상의 편의, 행정적·정책적 편의를 위해 조작적으로 규정한 노인의 개념을 보면, 개인의 자각에 의한 노인, 사회적 역할상실에 의한 노인, 역연령에 의한 노인, 기능적 연령에 의한 노인으로 정의하나 입법적·행정적인 면의 편의성 때문에 역연령에 의한 정의가 가장 보편적으로 이용되고 있다.

역연령(Chronological age)에 의하면 출생 이후부터 달력상의 나이로 계산한 만 나이가 일정 연령 이상일 경우 노인으로 규정한다. 이 정의는 독일의 노령연금 수급 기준으로 65세로 규정한 것에서 유래되었는데, 서구에서는 일반적으로 사회보장제도의 급여수급자격을 기준으로 노인을 65세로 규정하고 있다. 현재 대부분의 산업 국가에서 65세 이상을 노인으로 규정하고 있으며 한국의 「노인복지법」에서도 건강진단, 경로우대 등의 대상자를 65세 이상으로 규정하고 있어 유엔 기준에 의해 65세를 사회통념상 노인으로 규정하고 있다(노인장기요양보험 근거 : 65세 노인성 질환).

〈표 1-1〉 노인의 연령범위

국제노년학회	역연령
• 환경변화의 적응력 감퇴 • 생체의 지체통합능력 감퇴 • 인체의 기관, 조직, 기능 쇠퇴 • 생체의 적응능력 감소 • 조직의 예비능력 감퇴	• 입법적·행정적 편의 • 사회보장제도의 수급자격기준 • 「노인복지법」 65세 이상 • 「고용상 연령차별금지 및 고령자고용촉진에 관한 법률」 55세 이상 • 노인복지관 이용자 연령 60세 이상

역연령에 의한 노인의 정의는 다양한 영역에서 나타나는 노화의 특성을 잘 반영하고 있고 입법, 정책이나 행정에서의 각종 급여의 수급권이나 서비스 이용자격기준을 정하는 데 매우 유용하게 사용되고 있다. 한국의 노인 관련 법규를 보면, 「고용상 연령차별금지 및 고령자고용촉진에 관한 법률」에서는 55세 이상을 고령자로 규정하고 있으며 「국민연금법」에서는 노령연금수급기준을 60세로, 「노인복지법」에서는 65세를 노인으로 규정하며, 노인복지관 이용자 연령도 60세 이상으로 정하고 있다. 역연령에 대한 정의가 가장 보편으로 사용되고 있으나 노화의 개인 차이에 대해서는 고려되지 않은 정의로 노화에 대한 신체적·심리적·사회적 특성에 대한 이해가 반영되어야 한다.

특정연령집단 분류로 Neugarten(1974)은 55~74세의 노인을 연소노인(Young-old), 75~84세의 노인을 고령노인(older-old), 85세 이상 노인을 후기노인(oldest-old)으로, Brody(1977)는 60~64세의 노인을 연소노인(Young old), 65~74세의 노인을 중고령노인(middle-old), 75세 이상의 노인을 고령노인(older-old) 그리고 미국 통계국에서는 55~64세를 연소노인(Young-old), 65~74세를 노인(old), 75~84세를 고령노인(older-old), 85세 이상을 초고령노인(very-old=oldest-old)으로 구분한다. 또한 생물학적 연령(bioiogical age), 신체기관과 구조, 기능의 시간경과에 따른 노인연령(육체연령)으로 40대 初老(초로), 50대 中老(중로), 60대 耆老(기로)가 그 예이다. 심리적 연령(psychological age) 노인은 주·객관적으로 인식하는 감각, 지각, 자아, 행동 등 시간적 변화 정도로 구분한다(정신, 성격, 심리성숙도). 끝으로 기능적 연령(functional age)은 한 개인의 특수한 신체적·심리적 영역에서 기능 정도를 유지하는가이다(심리, 신체, 사회적 영역). 즉 '노인은 축구선수가 될 수 있을까?'가 그 예이다. 마지막으로 자각연령으로 개인의 주관적 판단을 내리는 연령을 규정한 것이다.

노인의 특성

1) 신체적 특징

노인은 연령이 증가함에 따라 신체를 구성하고 있는 세포조직의 재생능력이 퇴화되어 기능이 저하된다. 이는 여러 가지 질병의 원인이 되기도 한다. 골·근육의 위축으로 신장이 줄어들고 등이 굽어지며 피하지방이 감소하여 전신이 마르고 체중도 줄어들며 주름이 많아진다. 신경계에서는 자극에 대한 반응이 늦어지면서 스트레스와 외상을 받기 쉬워진다. 내장도 면역력이 저하되어 질병감염도가 높고 소화기의 기능도 저하되어 영양의 섭취상황이 악화되며 감염과 합병증의 발병에 박차를 가한다. 예비력도 떨어지기 때문에 질병이 발생해 급격하게 상태가 악화되거나 사망의 위기를 맞는 경우가 있다. 청력과 시력도 저하되어 일상생활에서도 지장을 느낀다. 관절염, 고혈압, 당뇨병, 심장질환, 폐질환 등 만성적 질환을 가진 노인은 다른 합병증을 가지게 되어 사소한 원인으로 중증상태에 빠지는 일이 있다.

2) 정서적 특징

정신면에서의 노화는 감각, 지각, 기억, 지능 등 정신신경기능의 저하와 정서불안, 감정의 흥분성과 탄력성 등의 성격과 정서의 변화를 의미한다. 지식력은 고령이 될수록 노화로 인하여 인상의 선택방법이 주관적으로 변하며, 기억력은 뇌세포의 노화로 인해 최근 것에 대한 기억능력이 현저히 떨어지며, 기계적 암기보다는 논리적 암기에 의한 정보를 더 잘 유입하고 인출할 수 있다. 독창성이 결여되며 사고능력과 문제해결능력이 떨어진다. 지능의 쇠퇴 정도는 개인에 따라 다르나 50세부터 점진적으로 상실되어 노인은 지금까지의 태도와 행동양식, 습관을 고집하기 때문에 문제가 제기된다.

이와 같은 특성에 대하여 사회복지사는 편견을 가지고 대하는 것은 피해야 하며, 다만 노인이 일반 성인의 한 사람으로서 어느 한 면이 강하게 나타날 뿐이라는 자세로 노인의 상태와 환경에 대한 이해가 요구된다.

3) 심리적 특징

Erikson(1959)은 노년기의 심리·사회적 위기를 통합 대 절망으로 표현하였는데, 통합이란 현실의 자신과 자신이 지금까지 맞이했던 모든 사건과 상황들이 자신의 삶이라는 것, 그리고 그것이 바로 현재의 자신이라는 것으로 긍정하며, 죽음도 이런 사건의 일부로 인식함으로써 자신의 과거와 현재의 상황을 자기 내부로 통합할 수 있는 긍정적 능력과 상태를 말한다. 절망이란 통합의 반대되는 개념으로 지나온 삶과 현재의 자신을 부정적으로 인식하며, 수정될 수 없는 자신의 과거에 절망하고 다가오는 죽음 앞에서 좌절하는 심리상태를 의미한다.

노인의 심리적 특성은 개인의 신체적 건강상태와 심리적 특성, 사회와의 관계에 따라 영향을 주고받으며 발달하는데, 윤진(1985)은 노인의 심리성격에 대하여 다음과 같이 정리하였다.

첫째, 우울증 경향이 증가한다. 우울증은 노년기 전반에 걸쳐 증가하는데, 신체적 질병, 배우자의 죽음, 경제능력의 약화, 사회와 가족으로부터의 소외 및 고립, 일상생활에 대한 자기통제의 불가능, 지나온 세월에 대한 회한 등이 많은 원인이 되어 우울증이 증가한다.

둘째, 내향성 및 수동성이 증가한다. 노년기에는 자기 자신의 사고나 감정에 의해서 사물을 판단하게 되는 경향이 많아지고 누군가의 도움을 받아 문제를 해결하려는 수동적 경향이 증가한다.

셋째, 경직성의 증가이다. 노년기에는 경직성이 증가하여 새로운 환경에 적응하기가 어렵고 이로 인하여 노인의 학습능력과 문제해결능력이 저하된다.

넷째, 조심성의 증가이다. 일반적으로 노년기에는 조심성이 증가한다고 한다. 노년기에는 노인 스스로의 의지로 정확성을 중요시하기 때문에 조심성이 증가하며, 시각, 청각 등의 감각능력쇠퇴를 비롯한 신체적·심리적 기능이 쇠퇴하여 부득이 조심스럽게 되기도 한다. 또한 노인의 경우 결정에 대한 자신감이 쇠퇴하기 때문에 확실성이 확인될 경우에만 결정이 용이하게 되기도 한다.

다섯째, 의존성의 증가이다. 노인은 신체적·경제적 능력의 쇠퇴로 인하여 의존성이 증가하는 경향이 있으며 의존성의 유형은 네 가지로 들 수 있다. ① 경제능력 약화에 따른 경제적 의존성, ② 신체적 기능의 약화로 인한 신체적 의존성, ③ 중추신경조직의 퇴화로 인한 정신적 의존성, ④ 생활에서 의미 있는 중요한 사람을 상실함으로써 생기는 사회적 의존성과 심리·정서적 의존성이다.

여섯째, 친근한 사물에 대한 애착심이다. 노인이 될수록 오래 사용해 온 물건에 대한 애착심이 증가한다. 집, 가재도구, 사진, 골동품, 일용품 등 여러 가지 친숙한 물건들은 노인에게 지나온 과거를 회상하게 하고 마음의 안락과 만족을 느끼게 하며, 비록 세상과 세월은 많이 변하였지만 자신과 자신의 주변은 변하지 않고 일정한 방향으로 유지되고 있다는 느낌을 주어 노인에게는 마음의 안정을 갖게 하는 좋은 역할을 한다.

일곱째, 유산을 남기려는 경향이다. 심리적으로 건강한 노인의 경우, 자신의 사후에 자신의 자취를 남기고자 하는 갈망이 있으며, 자손을 낳는 일, 문학, 예술작품, 기술, 지식, 토지 등 다양한 형태로 나타난다.

끝으로 양성성 증가로 남성은 유친성, 양육동기, 동정심 등에서 성적 특성이 증가를 보이는 반면, 여성은 공격성, 자아중심적 경향 그리고 권위주의적 동기 등 남성의 특성이 증가를 보인다. 한편, 노인의 심리로 최근 건강불안증과 의존성 증가도 심리적 특성으로 유형화하기도 한다(한국노동연구원, 2006).

4) 욕구적 특징

노인은 젊은이보다 배고픔을 오래 참고 식욕이 약한 편이므로 조금씩 자주 식사를 하도록 유도하고 소화가 잘되는 음식을 권해야 한다. 성욕은 남녀 불문하고 연령의 증가에 따라 약화되는 것이 사실이지만 없어지는 것은 아니다. 그러므로 나이가 들어서도 이성과 어울리기를 좋아한다. 활동을 하고 싶은 욕구는 연령의 증가에 따라 다소 줄어드는 경향이 있으나 연령증가의 요인보다 신체의 에너지가 저하되므로 어떤 활동을 즉각적으로 하지 못하고 많이 망설이게 되나 한두 번 경험 후에는 활동하고 싶은 욕구를 느껴 자발적으로 참여한다.

Chapter **2**

노인문제에 대한
이론적 관점

노인문제에 대한 이론적 관점

제1절 생물학적 노화이론

생물학적 노화는 신체적 노화에 중점을 두는 것으로, 노화가 자연적이고 본래적인 현상임을 강조한다. 생물학적 노화와 관련된 대표적 이론은 〈표 1-2〉와 같다.

〈표 1-2〉 생물학적 노화이론

분류	이론
자연발생적 관점	• 마모이론, 유전이론, DNA변화이론
신체조직적 관점	• 면역이론, 노폐물축적이론, 교차이론
조건발생적 관점	• 스트레스이론, 생활대사율이론, 유해산소원인이론

1) 자연발생적 관점

(1) 마모이론

Atchley(1980)는 기계나 물건을 오래 사용하면 부속기관이 닳고 파손되는 것과 같이 우리 신체기관도 오랫동안 활동한 결과로 인하여 점진적으로 퇴화된다고 하였다. 세포의 마모현상은 내적·외적 스트레스에 의해 가중된다. 그러나 마모이론

(wear and tear theory)은, 유기체는 적정운동을 통하여 근력, 근질량, 심장기능을 증가시키듯이 사용하면 마모되는 것이 아니라 오히려 개선되는 특성이 있고, 인간의 신체는 보충, 재생의 기능이 있기 때문에 무생물인 기계와 인간을 동일시할 수 없다는 반론도 제기되었다.

(2) 유전이론

유전인자 속에 노화라는 속성이 이미 존재하고 있다가 유기체가 시간이 경과함에 따라 그 속성이 나타나는 것을 노화현상이라고 한다. 즉, 유전에 의해 수명이 결정된다는 것이며 장수나 단명은 가계에 따른다. 유전이론의 일종으로 유전자 프로그램 이론이 있는데, 노화나 죽음은 생물의 유전자에 미리 프로그램화되어 있어서 그 정보가 점차 나타나면서 필연적으로 노화를 가져온다는 것이다.

(3) DNA변화이론

세포는 DNA 속에 유전인자를 저장하고 있는데, 유전자 정보가 적은 DNA는 세포의 분열 때마다 복제되고 이때 유전정보가 맞지 않는 것을 생성하여 축적되거나 방사선이나 화학물질로 인한 DNA 변형으로 유해한 단백질이 생성되어 노화가 일어난다(Shock, 1977).

2) 신체조직적 관점

(1) 면역이론

Atchley(2000)는 이물질이 체내에 들어올 때, 항체의 이물질에 대한 식별능력이 저하되면 몸속에 들어온 이물질을 모두 파괴하지 못하게 되며, 미처 파괴하지 못한 이물질이 계속 체내에 남아 있으면서 부작용을 일으켜서 결국은 노화를 촉진한다고 하였다. 그리고 체내의 면역체계가 항체를 만들 때 정상세포까지 파괴하는 항체를 만들게 되어 노화가 진행된다고 하였다.

(2) 노폐물축적이론

인간의 세포 속에 해로운 물질과 제거될 수 없는 폐기물이 생성·축적되는데, 이러한 노폐물이 정상적 기능을 방해해 노화현상이 일어난다는 이론이다. Metchicoff는 축적된 노폐물이 장 안의 세균이 생산하는 특별한 독물에 의해서 만성 중독의 결과로 노화가 된다는 학설을 주장했다.

(3) 교차이론

세포 속의 분자들이 서로 상대에게 부착되어 연결된 분자들은 움직일 수 없게 되며 그 기능을 방해하므로 어떤 화학적 반응을 일으켜 조직은 탄력성을 잃게 되어 노화가 일어난다는 것이다.

3) 조건발생적 관점

(1) 스트레스이론

Selye(1936)는 인간의 스트레스가 감염, 중독, 추위, 더위, 근육피로, 저산소, 산소중독 등 다양한 환경요인으로 발생하며, 인간의 일생은 이 스트레스에 대한 반응과 유사하다고 하였다. 소아기와 성인기에는 스트레스에 대한 저항력이 강하나 노년기에는 저항력이 감소하여 죽음에 이르게 된다. 노인은 스트레스에 대한 적응이 원활하지 못하고 그로 인해 스트레스는 노화를 촉진시킨다고 하였다.

(2) 생활대사율이론

Pearl(1929)은 인간의 수명이 에너지의 소비속도, 즉 생활대사율과 반비례관계라고 하였다. 생활대사율이론에 의하면 대사를 억제하는 가능성이 있는 환경인자는 노화를 지연시키고, 대사를 촉진하는 가능성이 있는 환경인자는 노화를 촉진시킬 가능성이 있다. 첫째, 변온동물의 수명은 고온에서 단명하고 저온에서 오래 산다. 둘째, 대사가 활발하고 빨리 성장하는 소동물은 단명하고, 대사가 느리고 성장이 느린 대동물은 장수한다. 셋째, 노동을 심하게 하는 사람은 노동을 가볍게 하는 사람보다 단명한다. 넷째, 식이량이 제한된 동물은 대사율이 낮아지고 수명이 연장된다. 다섯째, 동면동물은 동면 시간이 길수록 수명이 길다. 동면 중의 대사율은 최저까지 저하된다.

(3) 유해산소원인이론

환경을 중시하는 비유전학적 이론으로 최근 주목받고 있는 학설이다. 각종 약물이나 방사선에 의해 유해한 활성산소가 인체 내에 발생한다. 또한 인간은 호흡으로 얻은 산소로 음식을 태우고 에너지를 얻는데 이 중 10%가량의 산소는 물로 환원되지 않고 인체에 유해한 활성산소가 되는데, 이것이 인체에 해를 끼쳐 성인병이나 각종 암의 발생원인이 되어 노화를 일으킨다.

제2절 심리적 노화이론

노화의 심리적 측면에서는 노년기의 행동(감각, 지각, 학습, 기억, 지능, 동기, 정서, 성격, 태도, 정신운동, 사회적 관계)변화에 관심을 갖는다. 심리적 노화 영역은 감각기능, 지각과정, 심리운동수행능력, 정서 및 정신기능으로 나누어 볼 수 있다. 여기서는 Erikson, Havighurst, Peck의 성장발달이론에 대하여 살펴보고자 한다.

성장발달이론(developmental theory)은 노년기에 이르기 전 단계에서의 과업완수수준이 노화과정의 예측인자가 된다는 견해이다. 즉, 훌륭한 적응 전략을 개발하여 이제까지의 생애에서 성장발달과업을 성공적으로 완수한 노인은 노년기에도 성공적으로 대처한다는 주장이다.

1) Erikson 성장발달이론

Erikson(1963)은 여덟 가지 성장발달과업 중 노년기(65세 이후)를 인간발달과정의 마지막 단계의 과업으로 보고, 노년기에 긍정적 자아통합과 좌절의 균형을 이루어야 한다고 하였다. 즉, 개인의 전 생애를 성공적으로 해결하였다면 노년기 과업도 성공적으로 해결하여 자신의 과거, 현재, 미래의 삶을 긍정적으로 인식하여 자아통합이 된 노년기를 보내야 한다고 하였다.

2) Havighurst 성장발달이론

Havighurst(1973)는 삶의 주기에 따라 6단계로 구분하고 영유아, 아동기, 청년기, 장년기, 중년기 그리고 마지막 단계인 노년기 과업에 대해 다음과 같이 구체적으로 제시하였다. 즉, 신체적 기력 감소와 건강저하에 적응하기, 은퇴와 수입감소에 적응하기, 배우자 사별에 적응하기, 동료노인과의 유대관계 형성하기, 사회적 역할에 융통성 있게 수행하기, 생활에 적합한 활동에 대한 계획 세우기이다.

노인이 성취해야 할 행동규준을 확인하고 이를 성취할 수 있도록 사회적·문화적 환경 및 시대적 변화를 고려하여 구체적 방안을 융통성 있게 마련해야 한다.

3) Peck 성장발달이론

Peck은 자아분화 대 직업몰두란 은퇴와 더불어 주어진 일 역할이 끝나는 노년기에는 직업 역할에 더이상 몰두할 수가 없고 몰두해서도 안 된다고 하였다. 자아분화는 친구나 친척, 이웃, 또는 취미 등 관심에 따른 새로운 인간관계로 바꾸어야 하고, 은퇴자는 자신의 이제까지와 다른 모습을 찾아야 한다.

또한 신체초월 대 신체몰두는 신체쇠약을 자연스러운 결과로 받아들여야 하며, 지나치면 정신건강에 해가 된다. 신체조건을 받아들여 자신에게 만족을 주는 활동을 추구해 나가야 한다. 자아초월 대 자아몰두는 자아초월이란 노년기의 마지막 과제인 죽음을 받아들일 준비를 하는 것이다. 자신의 역할은 이제 끝났으며 자신이 더이상 할 수 없는 일은 후세들이 계승하여 잘해나갈 것이라는 긍정적인 믿음을 가지는 것이다.

제3절 사회적 노화이론

사회적 노화는 사회문화적 이론에 바탕을 이룬다. 사회문화적 이론의 가정은 첫째, 연령구조는 권력을 배분하고 책임을 규정하며, 규칙과 기대를 관리해야 하는 사회조직에 필수적이다. 둘째, 생물학적 모델은 사회적 차원을 고려하지 않으므로 노화를 설명하기는 부적합하다. 셋째, 사회적 기대는 전 생애에 걸쳐 계속 부과되고 변화한다. 넷째, 새로운 사회적 기대와 행위들이 부과될 때 정체성은 변화한다. 사회적 노화이론으로 연령문화이론과 현대화 이론, 사회와해이론이 있다.

1) 사회유리이론

Cumming과 Henry(1961)가 처음으로 제창한 이론으로, 노인이 왜 사회의 중심권에서 벗어나는지를 설명하기 위해 개발되었다. 노인과 다른 사회구성원 양자 간에 개입을 꺼리고 상호작용이 감소되는 현상이 일어나며, 이러한 이유에 대한 설명으로는 노인의 건강상 약화, 죽음 임박 가능성 증가, 사회공헌도 약화 등 전반적으로 노인이 사회에 유익하지 않기 때문에 사회는 노인을 사회로부터 분리시키며 개입을 허용하지 않게 된다. 또한 노인도 나이가 들면서 스스로 사회에서 멀어지기를 원하는 것으로 본다. 따라서 노인의 사회유리는 사회와 노인 모두에게 이롭다는 주장이다.

Cumming은 노인이 사회와 유리되어야 자유롭게 죽을 수 있다는 견해이다. 예를 들어 사회에 많이 개입하고 있는 중년이 사망하면 많은 관계들을 정리하지 못한 채 남겨 두게 되므로 상황을 혼란스럽게 만든다는 견해이다. Henry는 노인이 되면 점진적으로 사회로부터 유리되는 과정을 밟는다는 견해다. 이러한 과정은 상호 만족을 제공하며, 사회의 필연적·보편적·규범적 현상으로 본다.

사회유리이론(disengagement theory)은 노화를 지나치게 단순화시키고 있으므로 복잡하고 다양한 노인의 특성을 적절히 설명하지 못한다는 비판을 받고 있다. 문화적 배경에 따라 차이가 있으나, 실제로 노인이 젊은 세대보다 더 적극적으로 사회활동에 많이 참여하고 있으므로 젊은 세대가 그들에게 지우는 열등한 사회적 지위를 거부한다(서병진, 2007 재인용).

2) 활동이론

활동이론(activity theory)은 Havighurst(1968)와 그의 동료들에 의하여 주창된 이론이다. 유리이론과는 정반대의 입장으로 노인의 사회활동참여 정도가 높으면 높을수록 심리적 만족감과 생활만족감이 높다는 주장이다. 노년은 중년의 연장일 뿐이므로 활동을 중단할 것이 아니라 지속할 것을 당연하게 보기 때문에, 노년기의 삶의 만족은 적정수준의 사회적 활동을 유지할 때 가능하다는 견해이다. 사회적 활동은 성공적 노화의 필요조건으로, 신체적 및 정신적으로 활동에 적극 참여하면 노년기의 기능을 유지하는 데 도움이 된다. 이러한 이론은 노인을 위한 여가활동의 확대, 사회참여를 위한 기회의 확대, 일자리 창출 등의 노인복지서비스를 활성화시킬 수 있는 이론의 토대가 된다.

노년기의 잦은 활동과 친교관계 유지는 자아개념 강화와 삶의 만족감과 건강을 유지하는 데 중요한 기능을 한다. 노인의 자아개념 강화를 위해서는 공식적 활동보다는 비공식적 활동이 더 효과적이다. 사회생활에 적극 참여하고자 하는 노인이 있다는 사실을 명심하고 노인의 신체적·심리적 건강상태 및 관심사에 적합한 적절한 활동을 선정하고 참여를 격려하는 것이 필요하다.

3) 지속성 이론

지속성 이론(continuity theory)은 노인의 기본적 성격성향을 이해하는 수단을 제공하는 것으로, 노년기의 성격은 젊을 때의 성격성향을 지속하는 것이지 바뀌는 것은 아니라는 견해이다. 지속성 이론은 사회유리이론과 상이한 관점에서 노화과정을 이해한다.

지속성 이론은 세 가지 기본견해를 가진다. 첫째, 남녀 모두 정상 노화과정에서 성격은 일관성 있게 유지된다. 둘째, 성격은 역할활동과 투자에 똑같이 영향을 미친다. 셋째, 성격은 역할활동과 관계없이 삶의 만족도에 영향을 미친다. 즉, 성격을 역할활동과 삶의 만족도 간의 관계를 결정짓는 중요한 요인으로 보고 있다.

노인은 과거 그들의 삶에 적응하기 위해 실천해 왔던 개인적 및 대인관계에서의 적응행위들을 그대로 표현하는 것이므로 노년기라고 해서 성격이 변하는 것은 아니다. 그러나 노년기에는 옛날 방식과 새로운 요구 간에 갈등이 있을 수 있으며, 이 갈등에서 옛 방식을 억제하면 마치 성격이 변화된 것처럼 보이지만 근본적 성격은 변화하지는 않는다. 그러나 나이가 들면, 남성 노인은 인내하고 보살피고 양육하는 역할로 바뀌고, 여성 노인은 지도적이고 공격적인 역할로 바뀌는 경향이 있다. 또한 노년기의 신체적·정서적 역량의 감소는 선택적으로 사회활동에 참여하게 하며, 자기 자신에게 보다 많은 관심을 두고 특정 취미에 몰두하게 되는 경향을 보인다. 때로는 이러한 행동이 마치 노인이 자기중심적이고 고집이 세고 사회에 무관심한 성격으로 변한 것처럼 보이게 하기도 한다.

이 이론은 노인의 기존 성격과 성향을 이해하는 수단을 제공하기 때문에 의료인은 노인의 성장 발달 상태와 성격행동을 사정하고, 노인의 연령에 따른 적응수준에 적합한 현실적 중재계획이 필요하다.

4) 사회교환이론

사회교환이론(social exchange theory)은 개인과 집단 간의 교환이 지속되는 경우는 교환에 참여하는 사람이 그 상호작용에서 이득을 얻는 한 지속되며, 노인이 되면 사회적 상호작용에서 이득이 감소하므로 사회적 교환활동이 감소한다는 견해이다. 사회적 교환과정에서 이득발생이란 소요되는 비용에 비하여 보상이나 자기만족이 동일하거나 이상일 경우를 의미한다.

노인이 되면 건강, 대인관계, 수입 등 권력의 원천이 줄어들어 사회와 노인 간에 불균형교환이 일어나므로, 노인의 사회 내 상호작용이 감소하거나 단절을 초래한다고 본다. 노인에게 힘을 확보할 수 있는 자원을 발굴하고 회복하도록 도와주어 만족할 만한 대인관계와 집단관계를 안내하고 재정립하는 방법을 제공해야 한다. 예를 들어 집단활동을 지속하도록 하거나 새로운 조직에 가입하게 하거나 이웃 간의 활동 혹은 자원봉사 등을 할 수 있도록 도와준다.

5) 연령문화이론

모든 인간사회는 일정한 연령군을 한 단위로 구분하여, 각 연령 군별로 사회계층을 형성하여 사회적 지위를 부여하고 그 지위에 적합한 역할과 규범을 규정해 놓고 있다는 견해다. 노인도 사회에서 부여한 지위에 따라 연령과 소속된 사회의 문화, 능력에 해당되는 적합한 노인역할을 담당해야 한다는 주장이다.

연령문화이론은 연령이 증가하면 보편적으로 신체적·정신적·사회적 적응력이 쇠퇴하지만 노년기에 인체기능이 쇠퇴한다고 해서 노인의 역할과 지위가 동시에 퇴화되는 것은 아님을 강조한다. 즉, 개체의 신체적 힘에 의해 지위가 결정되는 동물사회에서는 노약한 늙은 동물은 지위하락이나 추방을 강요당하지만, 인간사회에서 노인은 고령이라는 조건만으로 상당한 지위와 권력을 지닐 수 있다는 견해이다.

6) 현대화 이론

현대화 이론(modernization theory of aging)은 사회의 현대화 정도가 높을수록 노인의 지위는 더욱 낮아진다는 이론이다(Cowgill & Holms, 1972). 즉 현대화가 사람들의 기본관념을 변화시키고 노인의 지위와 역할에도 영향을 미친다는 견해이다. 예로 과거 전통농경사회에서는 노인이 전문직업인, 전통문화의 전수자, 전문정치가 및 종교가로 군림하였다. 그러나 산업사회에서는 노동력이나 인력보다는 고도의 기술이 생산을 지배하게 되었으며, 노인이 독점하던 지식도 젊은이에게 이전되고, 과거 노인이 독점하던 전문가의 역할도 교육받은 의사, 교사, 종교전문가에게로 이관되었다. 교육의 대중화가 이루어지면서 세대 간의 교육수준격차는 노인의 지위를 하락시키는 중요한 요인이 되었다.

7) 사회와해이론

Kuypers와 Bengtson(1973)에 의해 제창된 사회와해이론(social breakdown theory)에 따르면 사회·심리적으로 문제가 있는 일부 노인에 대한 부정적 인식이 노인 전체에 대한 부정적 인식으로 강화되고, 부정적 사회인식의 틀 안에서 생활해야 되는 노인의 사회적 관계가 더욱 위축되고 어려워지는 순환틀을 형성하여 노인은 결국 사회적으로 와해된다. 노인은 역할상실과 역할변화, 준거집단 부족 등의 취약성으로 인한 자신의 문제를 외부인에게 조언과 도움을 요청하게 되며, 이러한 과정 자체는 노인을 문제 있거나 무능한 취약자로 낙인 하여 이러한 낙인 속에서 다시 외부의 도움을 요청하는 순환적 관계에 빠지고 이는 결국 사회적 와해 증후를 초래한다고 하였다.

이 이론은 노인의 사회·심리적 문제를 개인 차원에서 개입하여 개선할 수 있는 개입의 실용적 근거이론으로서의 가치가 높으며 사회관계 속에서의 노인의 문제점을 설명하는 데 유용한 근거를 제시하는 이론이라고 할 수 있다(Hendricks, 1980).

Chapter **3**

현대사회와
고령사회 이해

Chapter

03 현대사회와 고령사회 이해

　현대산업사회의 특징이라 할 수 있는 도시화, 핵가족화 및 인구고령화에 따른 노인문제는 우리 사회에서도 심각한 사회문제를 대두되고 있다. 1960년 이후 급격한 산업화, 도시화로 인한 사회변동과 가치관의 변화는 전통사회에서 가정의 실권자였던 노인의 가부장적 지위를 약화시켰을 뿐만 아니라, 어떤 의미에서는 소외계층으로 전락시켰다. 오늘날 선진 외국은 65세 이상의 노인인구가 10%를 훨씬 상회하여 20%에 이르는 고령화 사회로 진입하고 있으며, 그에 따른 여러 노인문제를 안고 있다. 최근 한국도 사회구조의 급진적 변화로 인해 여러 측면에서 서구사회에서 볼 수 있는 노인문제가 제기되고 있으며, 노인인구의 증가로 더욱 심각해질 것으로 예상된다. 고령인구가 급증하면서 노화와 노인에 관한 문제들이 많이 제기됨에 따라 문제해결이 개인과 가족의 차원을 넘어 사회 내지 국가 차원에서 이루어져야 하는 사회문제로 등장하였다.

　한국은 인구고령화와 함께 노인의 생활환경이 급격하게 변화하고 있다. 정치, 경제, 사회, 문화, 교육, 보건, 복지 등 각 분야에서 국경을 초월하는 변화가 일어나고 있다. 교통, 통신, 무역, 관광 등의 국제산업발전을 비롯하여 정보공학, 생명공학, 우주공학 등 새로운 지식과 기술의 발전은 지구촌 사람들의 의식구조와 생활양식을 변화시키고 있다. 한국도 지금 국제화, 정보화 등의 급격한 사회변화 속에 고령인구가 증가하고 있어 노인의 사회적응과 생활대책이 커다란 사회문제로 확대되고 있다(고양곤, 2003).

　고령사회·장수사회의 도래로 개인적, 사회적으로 예상할 수 없는 파급효과를 가

겨올 것이다. 경제적 측면에서 새로운 산업구조와 직업구조를 요구할 것이며, 국가의 노인복지재정의 팽창과 함께 각종 노후보장을 위한 고령친화산업이 민간부문에서 활발하게 이뤄질 것이다. 은퇴자를 위한 소득, 의료, 주거, 건강, 레저 프로그램을 위시해서 일상생활 전반에 대한 변화가 초래되고, 가히 인류문명에 전환을 가져올 만한 영향을 미칠 것으로 전망된다. 또한 퇴직예정자의 새로운 귀농·귀촌 활성화에 대한 범정부 차원의 지원정책도 새로운 대안으로 주목받고 있다.

제1절 고령인구의 증가와 노인문제

1) 평균수명과 노년기의 연장

우리 국민의 평균수명이 크게 늘었다. 20세기 초(1905~1910)에는 평균수명이 불과 24세 정도였다. 그러나 20세기 후반에 들어와 산업사회로 발전하면서 소득수준이 높아지고 위생환경이 개선되면서 평균수명이 연장되기 시작하여 1960년에는 평균수명이 52.4세가 되었고, 2000년에는 75.9세로 늘어났다. 2010년 기대수명은 81.2세로, 인생 80년 시대에 진입하였다.

2010년 현재 기대수명은 남자 77.6세, 여자 84.5세로 여자가 남자보다 7.9년 더 오래 사는 것으로 나타났다. 2008년과 비교하면 남자는 0.9년, 여자는 1.2년 증가했고, 10년 전에 비해서는 남자는 5.4년, 여자는 4.8년이 증가한 것이다. 이는 사회·경제 발전, 보건의료수준 향상, 개인의 건강관심 증대 등에 기인한 것으로 보인다.

평균수명이 늘면서 노년기가 연장되고 있다. 2010년 생명표에 의하면 우리 국민의 평균수명은 80세가 넘었다. 2010년 65세 이상 남성 노인의 기대여명은 21.6년으로 81세까지 살게 되고, 여성 노인의 기대여명은 26년으로 90세 이상 살 수 있게 되었다. 55세 된 남자의 기대여명은 24.6년이고, 여자의 경우는 30.1년이 넘었다(통계청, 2010). 이 말은 근로자가 55세에 퇴직한다면, 남자는 평균 24년의 노년기를, 그리고 여자는 30년의 노년기를 살게 된다는 것이다. 현재 한국 근로자 대부분이 55세

전후에 퇴직하고 있는데, 은퇴 후 24~30년 동안의 기나긴 노년기에 필요한 소득보장, 보건의료, 주거 및 여가생활, 장기요양서비스 등의 문제를 어떻게 해결하는가의 과제가 노인복지의 커다란 문제가 되고 있다.

출생, 사망, 인구이동 등의 인구변동은 제반 사회·경제적 변화와 밀접히 관련되어 있다. 선진사회가 보여준 바와 같이 한국사회는 국민소득의 증대, 교육수준의 향상, 건강보험 등 사회보장제도의 확충, 사회복지서비스의 확대, 보건의료서비스의 질적 향상 및 양적 증대, 건강에 대한 국민의 관심증대 등 사회·경제 분야 전반에 걸쳐 현격한 발전을 이룩하였으며, 이러한 결과는 출산율과 사망률의 감소로 이루어졌다.

이와 같은 현상으로 인하여 식자(識者)들은 '늙어 가는 사회', '광속(光速)의 고령화', '고령화 쇼크', '고령화 시한폭탄', '고령화 재앙', '시니어 붐(boom)' 등 다양한 수식어로 인구고령화의 위력을 예고하고 있다. 그만큼 인구고령화는 우리 사회에 미치는 충격이 클 것이며, 이에 대비하지 않으면 지속발전이 불투명할 뿐만 아니라 한국사회의 존폐 여부가 불확실해질 우려가 높다.

〈표 2-1〉 한국인구 평균수명의 추이(1970~2009)   (단위 : 세)

연도		남녀 전체	남자(A)	여자(B)	남녀차이(B-A)
1970		61.9	58.7	65.6	6.9
1980		65.7	61.8	70.0	8.3
1985		68.4	64.4	72.8	8.4
1988		70.3	66.3	74.6	8.3
1998		74.8	71.1	78.5	7.4
2005		78.6	75.1	81.9	6.8
2007		79.6	76.1	82.7	6.6
2008		80.1	76.5	83.3	6.7
2009		81.2	77.6	84.5	7.9
증감	(2008~2007)	0.5	0.4	0.6	0.2
	(2008~1998)	5.3	5.4	4.8	-0.6
	(2008~1970)	18.1	17.9	17.7	-0.2

출처 : 통계청(2009. 12, 2010. 12), 2008년 생명표.

선진국에서는 벌써부터 노동력 부족, 사회보험제도의 개혁, 과도한 복지비용지출로 인한 재정부담 등을 경험하고 있다. 이들 국가가 겪는 고령화로 인한 사회문제를 보면서 고령화 속도가 훨씬 빠른 한국사회에 시사 하는 점이 무엇인지를 예측하는 것은 어렵지 않다.

2) 노인인구의 수와 비율의 증가

국민의 평균수명이 연장됨에 따라 노인인구가 급증하고 있다. 1960년 65세 이상의 노인인구는 불과 72만 6천 명(전체인구의 2.9%)이었는데, 2000년에는 339만 명(7.2%)으로 고령화 사회에 진입하였다. 앞으로 2019년이면 766만 명(14.4%)이 넘어 고령사회에 들어갈 것이며, 2026년이면 노인인구 1천만 명(20.0%)이 넘는 초고령 사회가 될 전망이다. 우리 국민의 고령화 속도는 세계적으로 가장 빨라 현재 당면한 노인문제해결은 물론 앞으로 고령사회에 대비한 장기적이고 종합적이며 구체적인 노인복지정책방안이 시급히 요구되고 있다.

고령인구의 수와 비율이 급증함에 따라 노인부양지수가 증가하고 있다. 1960년에는 생산인구(15~64세) 20명이 노인 1명을 부양할 수 있었으나, 2000년에는 생산인구 10명이 노인 1명을 부양하게 되었다. 2019년에는 생산인구 5명이 노인 1명을 부양해야 하고 2026년에는 생산인구 3명이 노인인구 1명을 부양해야 한다.

〈표 2-2〉 노년부양비 및 노령화지수 (단위 : %, 명)

구분	1970	1980	1990	2000	2008	2010	2020	2030
노년부양비	5.7	6.1	7.4	10.1	14.3	15.0	21.7	37.7
노령화지수	7.2	11.2	20.0	34.3	59.3	67.7	125.9	213.8
노인 1명당 생산 가능인구	17.7	16.3	13.5	12.4	7.0	6.7	4.6	2.7

출처 : 통계청(2006), 인구주택 총조사보고서 ; 장래인구추계.
* 노년부양비 = (65세 이상 인구 / 15~64세 인구) × 100
  노령화지수 = (65세 이상 인구 / 0~14세 인구) × 100
  노인 1명당 생산가능인구 = (15~64세 인구 / 65세 이상 인구)

노령화 지수 또한 변하고 있다. 1960년에는 연소인구(0~14세)와 노인인구(65세 이상) 비율이 14.5 : 1로 연소인구가 노인인구보다 14배 이상 많았는데, 2000년에는 그 비율이 3 : 1로 줄었고, 앞으로 2026년에 가면 노인인구가 더 많아져 그 비율이 0.6 : 1로 될 것이며, 2050년에는 노인인구가 연소인구의 3배 이상으로 증가될 전망이다.

〈표 2-3〉 주요 국가 고령화 속도(노인인구비율 변화소요기간)

국가	특정 노인비율 도달연도			소요기간 (연)	
	7%	14%	20%	7% → 14%	14% → 20%
한 국	2000	2018	2026	18	8
일 본	1970	1994	2006	24	12
프 랑 스	1864	2018	2019	115	39
독 일	1932	1972	2009	40	37
영 국	1929	1976	2026	47	50
이탈리아	1927	1988	2006	61	18
미 국	1942	2015	2026	73	21

출처 : 통계청(2006. 12), 장래인구추계.

〈표 2-4〉 서울시 노년부양비 및 노령화지수 (단위 : %, 명)

구분	1980	1990	1996	2005	2006	2016	2017	2026
노년부양비	3.7	4.9	5.9	9.4	10.0	16.7	17.6	28.8
노령화지수	7.9	14.2	21.1	42.4	46.6	95.1	100.9	177.6
노인 1명당 생산 가능인구	26.9	20.4	17.0	10.7	10.0	6.0	5.7	3.5

출처 : 통계청(2005), 장래인구특별추계 ; 서울시 고령자통계(2006).

연소인구의 감소와 고령인구의 증가로 한국의 연령별 구조는 크게 변화되고 있어 선진국의 인구구조와 비슷한 양상으로 바뀌고 있다. 1960년대의 인구구조는 각 연령집단이 고른 분포를 나타냈고(피라미드형), 1970년대는 연소인구가 감소하면서 생

산인구와 고령인구가 증가했으며, 2000년대에는 이러한 현상이 더욱 뚜렷해져 선진
국과 비슷한 종형의 인구구조로 변화하고 있다. 노인인구비율을 살펴보면 2012년 9
월 30일 현재 총인구 중 65세 이상 인구가 차지하는 비율은 11.6%로 10년 전(2000년)
8.0%에 비해 4.9%p 증가하였다. 한국은 2000년에 이미 고령화 사회에 진입하였으며
2018년에는 고령사회에, 2026년에는 초고령사회에 도달할 것으로 전망되고 있다.

3) 기능장애 노인인구의 증가

한국 노인인구의 87.6%가 하나 이상 만성퇴행성 질환을 가지고 있다. 그중 36.5%
는 세 가지 이상의 만성질환을 가지고 있으며 나이가 많을수록 만성질환 유병률도
높아지고 있다(한국보건사회연구원, 2010). 사람이 나이가 들면 심신기능이 허약해지
고 결과적으로 일상생활수행능력(ADL)이나 수단적 일상생활수행능력(IADL)의 제한
을 가진 기능장애노인이 되기 쉽다. 2010년 현재 65세 이상 노인 중에서 치매나 중
풍 등 기능장애를 가지고 있어 요양보호가 필요한 노인은 110만 명(전체 노인의
25.6%)이 넘고, 2020년에는 159만 명으로 증가할 것으로 예측하고 있다(보건복지부,
2010). 이들을 위한 의료 및 간병대책이 심각한 사회문제로 대두되고 있다. 2012년
장기요양 신청자는 전국적으로 총 641,008명이다. 이 중 판정완료자는 590,742명인
데 등급인정자 336,528명, 불인정자가 154,174명, 각하가 100,040명이디(국민건강보험
공단, 2012. 9. 30).

4) 만성질환 노인인구의 증가

만성질환 노인의 증가로 노인의료 이용량, 의료비, 간병비, 보장구, 약 값 등이 급
증하고 있다. 특히 의료비 부담은 노인이 가장 걱정하는 문제 중 하나이다. 현재 노
인들은 의료보험이 있어도 병원진료비나 입원비의 20~50%가 본인부담이어서 고액
의 의료비 부담이 노인의 커다란 재정문제가 되고 있다. 일반 국민의 의료비는
1985~2003년까지 18년 동안 32.2배가 상승하였다. 노인의 경우에는 132.2배가 올라
일반인 의료비보다 4배 이상 상승하였다. 2010년 국민건강보험공단 건강보험정책연

구원이 발표한 통계에 따르면 건강보험혜택을 받는 사람 중 65세 이상 인구(10.1%)가 사상 처음으로 10%를 넘어섰으며, 1년 사이 고령인구가 10만 4,000명이 늘어나고, 노인 1인당 월평균 진료비 지출도 2만 1,000원 넘게 올라갔다(21만 3,163원→23만 4,198원). 이에 따라 2010년 상반기 전체 건강보험 진료비(21조 4,800억 원)는 작년 같은 기간보다 12.8% 증가하여 심각한 노인문제로 대두되고 있다. 또한 2012년 국민건강보험공단에 따르면, 고혈압, 당뇨, 심장질환 등 11개 만성질환에 대한 진료비 총액은 2010년 15조 2,382억 원에 달했다. 또 2010년 전체 진료비 총액의 35%에 이르러 건강보험재정의 주요 압박 요인으로 작용하고 있다.

제2절 노인문제의 발생원인

오늘날 노인문제의 원인을 포괄적으로 잘 뒷받침하는 이론은 Cowgill과 Holms의 현대화 이론이다. 이 이론에 의하면 한 사회의 현대화 정도가 높으면 높을수록 노인의 지위는 더욱 낮아진다는 것이다. Cowgill에 의하면 현대화란 한 사회가 생물적 동력, 제한된 기술, 비교적 미분화된 제도, 가부장적이고 전통적인 전망과 가치관에 바탕을 둔 비교적 전원적인 생활양식에서 고도로 분화된 제도, 효율성과 발전을 중시하고 거시적 전망에 바탕을 둔 도시적 생활양식에로의 변천이라고 보고 현대화 현상을 나타내는 핵심요소로 건강기술의 발전, 생산기술의 발전, 도시화, 교육의 대중화를 들고 있다. 노인문제의 발생 원인을 세부적으로 살펴보면 다음과 같다.

1) 노인의 가족구조와 거주형태 변화

최근 한국이 산업화, 도시화, 핵가족화가 계속되면서 가족구성원 수와 주거형태가 변화하고 있다. 1975년에 평균 가족원 수가 5명이었는데 2000년에는 3.1명이 되었고, 현재와 같은 출산율 감소와 핵가족화가 계속된다면 2020년경에는 한국 가정의 평균 가족원이 2.7명 정도로 줄어들 것이 예상되고 있다(통계청, 2005).

이러한 가족구조의 변화에 따라 노인의 거주형태가 변화하고 있다. 지난 1980년대 초에는 노인 혼자서 혹은 노부부만 따로 사는 경우는 전체 노인의 20%, 1990년 25.5%, 2000년 44.9%, 2004년에는 51.2%에 달하였으며, 2010년경에는 60%에 이를 것으로 예상되고 있다(통계청, 2005). 이와 같은 세대 간의 별거현상은 노인이 만성질환이나 기능장애로 가족이나 간병인으로부터 도움이 필요할 때 누가, 어디서, 어떻게 수발할 것인지가 커다란 사회문제로 제기되고 있다. 단독세대가 늘어나는 현상은 가족 내에서 노인역할의 재조정, 노인 간호, 경제적 부양 등의 문제를 유발시키며 사회적 서비스의 필요성을 증가시킨다.

2) 노후생활환경의 변화

한국에서는 1960년대부터 산업화, 도시화, 핵가족화가 시작되면서 노후생활에 많은 영향을 주고 있다. 산업화가 시작되기 전, 즉 1955년에는 1차 산업(농업, 어업, 수산업)이 주종을 이루고 근로자의 대부분(78.6%)이 1차 산업에 종사하였으나, 2006년에 와서는 1차 산업 근로자는 30.0%로 줄어들고, 2차 산업의 제조업 근로자는 9.0%이며, 나머지 대다수 근로자(60.8%)들은 서비스나 사무직의 3차 산업에 종사하는 것으로 나타났다(통계청, 2006). 이러한 산업구조의 변화는 인구의 수평적 이동을 가져와 결과적으로 인구의 도시집중과 세대 간의 별거로 인한 노인 단독가구를 증가시켰다.

1966년도 한국 도시인구는 전체 인구의 33.5%에 불과했으나 2000년에는 79.7%로 증가하였다(통계청, 2001). 이와 같은 도시인구의 급증은 자연인구의 증가보다는 젊은 층 인구의 도시집중현상으로 결과적으로 농촌지역에는 노인인구의 비율이 높아 일부 지역은 이미 고령사회가 되었거나 초고령 사회로 진입하고 있다. 결과적으로 자녀를 도시로 떠나보낸 농촌노인의 소외와 부양문제가 커다란 사회문제로 대두되고 있다.

3) 지식정보화 사회의 생활환경변화

현 세대 노인은 농경기 시대에 태어나서 산업화, 도시화, 핵가족화 시대를 거치면서 지금은 국제화, 정보화 시대의 급속한 사회적 변화 속에 살고 있다. 이와 같이 가속화되는 생활환경의 변화는 오래전 학교교육을 마쳤거나 오래전 직장에서 퇴직한 노인의 생활적응을 어렵게 만들고 있다. 최근 노인의 컴퓨터 사용시간과 인터넷 활용이 조금씩 증가하고 있으나 비노인층에 비교하여 크게 뒤지고 있다. 2007년 한국정보문화센터 통계에 의하면 65세 이상 노인층의 인터넷 이용률은 전체 노인의 17.6%에 불과하며, 앞으로 정보기술의 발전은 가속화될 것으로 예상되기 때문에 노인층의 정보격차(digital divide)는 곧 경제격차와 삶의 질 격차로 이어질 가능성이 크다.

4) 노인 간호 인력의 부족

한국에서는 노인 간호를 주로 며느리나 딸이 담당해 왔다. 그러나 지금은 많은 여성이 경제활동에 참여하고 있다. 2004년에는 여성의 49.8%가 경제활동에 참여하였고 2005년에는 50.1%로 상승하였으며 앞으로도 여성의 경제활동참여가 더욱 가속화될 전망이다. 최근 보건복지부의 자료에 따르면 요양보호대상 노인 중에서 74%가량의 노인은 가족(50.9%)이나 타인(23.1%)으로부터 간호를 받고 있으나 26% 노인은 필요한 간호를 제대로 받지 못하는 것으로 알려졌다. 노인을 간호할 수 있는 자녀 중 맞벌이부부가 늘어나고, 중증이나 초중증 질환 노인의 간호가 너무나 힘들고, 또한 만성질환 노인의 요양보호기간이 장기화되고 있기 때문에 노인 간호가 더욱 어려운 실정이다. 또한 전체요양 기관수는 1980년 1만 3,316개소에서 2011년 8만 2,948개소로 6배나 증가했다.

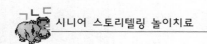

제3절 고령사회의 노인문제

고령사회가 되면서 나타나는 노인문제에 대해 첫째, 인구·사회학적 측면, 둘째, 보건·복지적 측면, 셋째, 경제·산업적 측면, 넷째, 노인 개인적 측면에서 살펴본다.

1) 인구·사회학적 측면

(1) 저출산·인구고령화의 심화

현재의 출산수준(합계출산율 1.17)이 지속될 경우 한국의 총인구는 2017년에 4,925만 명으로 절정에 이른 후 지속적으로 감소하여 2100년에는 1,621만 명으로 축소되고, 생산가능 인구(15~64세)도 2010년대를 정점으로 지속적 감소추세가 진행되어 사회 전체적 조기조로현상이 발생할 우려가 제기되고 있다. 그래서 인구구조의 단절현상으로 인한 사회·경제적 어려움을 방지하고 지속적 성장 동력을 유지하기 위해서는 출산율을 장기간에 걸쳐 단계적으로 대체출산력(합계출산율 2.1) 수준에 접근시키는 방안을 마련하여야 한다는 주장이 설득력을 얻고 있다.

저출산·고령화의 원인은 다양하다. 저출산의 원인으로서 결혼가치관의 변화, 초혼연령 상승 및 미혼인구의 증가, 자녀양육 및 가사노동 부담의 증가, 여성의 자아실현욕구와 사회활동참여 증가, 자녀관의 변화, 가족불안정의 증대 등이 거론되고 있다(김승권, 2003).

(2) 노후보장을 둘러싼 세대갈등 첨예화

2005년 생산가능 인구 7.9명당 노인 1명 부양, 2030년에는 2.7명당 노인 1명 부양, 그리고 2050년에는 1.4명당 노인 1명을 부양하게 되어 노인부양부담이 급속히 가중될 것으로 예상된다.

생산가능인구의 감소 및 노인인구 증가로 인한 한국의 부양부담은 OECD 국가 가운데 가장 빠른 속도로 증가할 것으로 전망되는데 향후 경제성장의 결과를 분배하고 재분배하면서 경쟁과 갈등을 심화시킬 요인으로 작용할 가능성이 매우 크다. 연금제도 등 노후소득보장제도에 있어서도 '부담의 형평성 및 급여의 적정성'이 확보되지 않으면 후세대에 과중한 부담을 전가하게 되고, 장기재정이 불안하여 '지속 가능한 제도'로서의 존립위기를 맞게 될 위험성이 크다.

뿐만 아니라 급속한 고령화는 정치·경제·사회 전 분야에서 노인의 욕구표출을 가속화시킬 것이며, 이른바 '고령시민파워(senior citizen)' 또는 '회색파워(gray power)'를 출현시킬 것으로 예상된다(김현진, 2004). 일반적으로 노인의 투표참가도가 높은데다가 전체 유권자 중 고령자의 비율이 높아짐으로써 노인이 사회 전반에 많은 영향력을 행사할 것으로 보이기 때문이다. 이제 고령화의 진전은 단순한 세대차(generation gap)를 넘어서 실질적인 정치적 파워를 바탕으로 혜택을 더 받으려고 하는 노인과 그 부양의무를 져야 하는 생산연령층 간에 갈등을 고조시킬 가능성이 높다고 하겠다.

(3) 취약계층과 홀로 사는 노인 증가

인구고령화는 여성 빈곤노인, 노인가구와 독거노인, 농어촌지역 노인에 대한 정책의 배려를 요구하고 있다. 독거노인이 올해 104만 3,989가구로 추정돼 2009년 98만 7,086가구에 비해 5만 6,903가구나 늘었다(기획재정부·통계청, 2010). 2006년 83만 3,072가구였으나 2007년 88만 1,793가구를 기록한 뒤 2008년 93만 3,070가구로 90만 가구를 돌파한 지 2년 만에 100만 가구대로 올라선 것이다.

2010년 연령대별 독거노인을 보면, 65~69세가 27만 9,845가구, 70~74세가 34만 1,579가구, 75~79세가 24만 5,771가구, 80~84세가 11만 8,294가구, 85세 이상이 5만 8,500가구였다. 즉 독거노인은 70대 초·중반이 가장 많은 셈이다. 70~74세 독거노인의 경우 2009년과 비교해 1만 9,077가구나 더 늘었으며, 75~79세도 1만 9,209가구나 증가해 70대 독거노인이 급증했다. 보건복지부(2012) 통계에 따르면, 우리나라 독거노인은 2000년 54만여 명에서 2012년에 119만여 명으로 2.2배 가량 늘어났다. 전체노인 중 독거노인은 같은 기간 16%에서 20% 상승하였다.

이에 따라 정부는 2008년부터 노후생활안정을 도모하기 위해 기초노령연금제도를 시행 중으로, 2009년의 경우 전체 노인인구의 69%가 기초노령연금 혜택을 받아 2008년 말 57.3%에서 크게 증가했다. 그러나 독거노인 특성상 별다른 노후보장책이 없는 경우가 많고 자녀 때문에 기초생활보장 수급자로도 선정되지 못하는 사례도 적지 않아 빈곤의 사각지대로 몰릴 가능성이 크다. 이에 따라 정부는 독거노인을 위해 만 65세 이상 노인 중 가구소득, 건강상태를 고려해 노인돌봄서비스를 제공하고 있으며 향후 확대하는 방안도 검토 중이다.

2) 보건 · 복지적 측면

(1) 노인의료비 및 요양서비스 수요증대

노인에게 있어서 의료비는 개인과 가족에게 큰 부담이 되고 향후 의료비의 부담은 더욱 커질 것이다. 노인인구의 증가는 만성질환 치료수요의 높은 증가로 이어져 2004년의 경우 1인당 의료비는 1,370천 원으로서, 64세 이하의 일반 의료비 39만 8천 원에 비해 3.4배 높은 편이고, 수진율은 2.2배, 건강진료비 및 건당 진료일수는 각각 1.5배, 1.8배 높아졌다. 이러한 노인의료비의 증가는 노인인구 수의 증가, 수진율 증가, 1인당 의료비 증가 등 제 요인이 복합적으로 작용하고 있는 것으로 분석된다. 이런 추세라면 2010년에는 전체 의료비의 약 28.1%인 111,705억 원으로 증가될 것으로 예상된다(국민건강보험공단, 2005).

이것은 노인인구 17% 정도인 일본의 2001년 노인의료비가 70세 이상과 65세 이상의 노인성 질환기준으로 37.2%(후생백서, 2003), 노인인구비율이 15~16% 수준인 독일, 스웨덴, 핀란드, 영국 등의 32.3~42.0% 수준(OECD, 1997)인 점을 고려한다면, 한국의 노인의료비 비율이 상당히 높음을 알 수 있다.

또한 급속한 고령화로 치매, 중풍 등 장기요양서비스가 필요한 노인이 급격히 증가하여 요양보호노인을 65세 이상 노인의 12.1%로 보았을 때는 2005년 53만 명, 2007년 58만 명, 2010년 65만 명 및 2020년 95만 명으로 추계되고 있으며, 요양보호노인을 65세 이상 노인의 14.8%로 잡았을 때는 2005년 65만 명, 2007년 72만 명,

2010년 79만 명, 2020년 116만 명으로 예측하고 있다.

그리고 고령화와 더불어 기능적 건강상태 외에도 정신적 건강상태에도 문제가 있는 노인이 크게 증가하고 있는데 연령이 증가할수록 전반적으로 정신장애가 증가한다는 증거는 없지만 2005년 65세 이상 노인 중 26만 4,000명(8.3%)이 치매증상을 지니고 있으며, 65세 이상 치매노인 추이(출연율)는 2010년 8.6%, 2015년 9.0%, 2020년 9.0%에 이를 것으로 예상되는 등 치매노인 수도 지속적으로 급증할 것으로 전망된다(선우덕 외, 2004).

전체 65세 이상 노인 중 재가와 지역사회보호 대상자(90.7%)는 최중증이 23,649명, 중증 108,028명, 경증 207,715명이며, 시설보호대상자(9.3%)는 최중증 48,528명, 중증 32,870명으로 총 870,840명으로 추계하고 있다. 노인장기요양기관의 인프라를 살펴보면 입소서비스를 제공하는 요양시설의 경우 2008년 6월 1,271개소(정원 5만 6,000명)에서 2009년 9월 2,385개소(정원 8만 3,000명)로 성장하여 전국적으로 증가하고 있으나 요양시설의 지역 간 수급불균형 문제는 심화되고 있다. 입소시설은 대도시지역 중심으로 부족현상이 나타나고, 재가시설의 경우 농어촌지역은 부족하지만 도시지역은 지나치게 난립하고 있어 지역적 균형을 갖춘 시설인프라 구축과 공공시설의 확충방안이 요구된다.

고령화 선진국의 경우 시설서비스와 재가복지서비스를 받는 노인이 시설의 경우 노인인구의 6~7%(평균 4.3%), 재가의 경우 10~20% 수준(일본은 2000년 개호보험 실시로 약 8% 증가)에 이른다. 하지만 한국의 경우 시설 및 재가 공히 0.6~0.7% 수준에 불과하다. 이는 선진국의 재가보호비율이 호주 11.7%, 오스트리아 24%, 캐나다 17%, 독일 10.0%, 미국 16%에 이르는 것을 고려할 때 매우 낮은 수준이다.

더구나 요양시설이 기초생활보장 수급자 등 저소득노인 위주로 확충되어 중산·서민층 노인이 이용할 수 있는 시설이 전체 85.9%이며, 평균 입소율은 유료요양시설 76.4%, 유료전문요양시설 83.3%로 낮은 수준이며, 비용 면에서는 입소보증금이 500~ 3,000만 원 수준, 월 평균이용료는 70~150만 원 정도(한국보건산업진흥원, 2004년 41개소 시설조사)로 유료요양시설 이용 시 월 평균비용부담이 너무 과중한 점 등이 큰 문제로 지적되고 있다(김정석, 2004). 2008년 8월부터는 노인장기요양보험 시행으로 현재 63만 8,024명의 장기요양신청자 중 등급 인정자는 33만 5,735명(52.6%)으로 전국 4,018곳의 요양시설에서 11만 720명이 서비스를 받고 있다(국민건강보험공단 2012).

(2) 요보호노인케어를 위한 사회비용증가

평균수명의 연장에 따라 가족주기가 변화하여 고령자의 독립생활기간이 증대하고 생계독립경향의 증가에 따라 케어비용이 대폭 증대할 것으로 예측되고 있다(최혜경·정순희, 2001). 즉, 노인부부끼리 생활하는 기간과 배우자 사별 후 여성 노인이 혼자 생활하는 기간이 길어지며, 이에 따라 요보호노인에 대한 수발서비스를 제공하기 위한 사회비용이 크게 늘어날 것이다.

한국보건사회연구원의 요양보호비용(잠재) 추계에 의하면, 2001년은 6조 8억 원이 소요되는 것으로 추계하였고, 2005년 8조 3천억 원, 2010년 10조 1천억 원, 2020년 14조 6천억 원 등 장기요양보호를 필요로 하는 노인 수의 증가에 따라서 비용도 기하급수적으로 증가하고 있다. 2001년 장기요양보호서비스의 비용을 100으로 했을 때, 2005년에는 123, 2010년 149, 2020년 215로 2배나 증가하는 것으로 나타났다(최병호 외, 2003). 요양비용을 정확하게 산출하기 위해서는 의료비와 마찬가지로 요양비용도 공적 및 사적비용을 합계해야 한다. 사적 요양비의 경우는 데이터가 없는 나라가 대부분이며, 다만 요양시설 및 재가복지만을 대상으로 한 2003년도에 정부가 지출한 공적 노인요양비용은 약 1,568억 원으로 이는 선진국에 비해 아주 낮은 편이다.

(3) 자녀양육 및 노인부담의 책임문제 대두

고령화가 진행됨에 따라 개인주의적 가치관의 확산, 핵가족화, 여성의 사회참여 증가 등으로 인해 자녀양육 및 노인부양에 있어서 가족 자체의 부양기능이 약화되고 있다. 앞서 언급한 바와 같이, 자녀양육 및 가사노동 부담의 증가는 주목할 만한 저출산의 원인으로 간주되고 있다. 뿐만 아니라 고령자의 부양을 가정 외부에서 해결하려는 신규수요도 끊임없이 새롭게 창출되고 있다. 이처럼 고령사회에서는 자녀

출산 및 양육, 노인부양의 문제가 개인과 가족의 일일 뿐만 아니라 사회와 국가의 공동책임으로 전환된다고 할 수 있다.

3) 경제 · 산업적 측면

(1) 경제성장의 둔화

저출산 · 인구고령화는 노동공급의 감소, 노동생산성 저하, 고령인구 증가에 따른 저축률 하락, 소비위축, 투자 감소, 재정수지의 악화 등을 초래할 것으로 예상한 바 있다. 그러나 저출산 · 인구고령화 자체가 경제성장을 둔화시키기보다는 연금 · 의료제도, 복지서비스 및 노동시장구조 등 기존의 제도가 저출산 · 고령화 시대에 따라가지 못함으로써 경제성장이 저해되는 측면이 더 클 것이라는 견해도 제시된 바 있다(대통령비서실, 2004). 이 견해에 따르면, 저출산 · 고령화가 경제성장에 미치는 효과는 제도개선 노력 및 정책의지에 따라 달라질 수 있다.

이와 같이 고령화 진전으로 노인빈곤 및 소외, 노동력 부족, 의료비 및 연금재정 고갈 등 각종 사회 · 경제적 문제가 파생되는데, 이러한 문제를 완화하기 위한 방안 마련은 고령사회의 '최대 이슈'이다.

(2) 노동시장의 변화

저출산 · 고령화는 노동력 규모의 감소와 구성의 고령화를 초래하여 노동력의 양적 · 질적 변화를 유발시킬 것이다. 즉, 고령자 노동공급은 증가하고 청년인구는 감소되어 환경변화에 대한 적응력 및 경제의 활력이 저하된다. 따라서 산업인력의 고령화는 획기적 생산성의 향상이 이루어지지 않는 한 우리 경제의 성장주력산업의 고령화를 초래하여 성장잠재력을 저하시키고, 특히 과학 · 공학 분야의 고령화는 젊은 층의 이공계 대학기피 현상과 맞물려 첨단기술 인력분야에 있어서도 공백상태가 우려된다.

요컨대 인구고령화는 산업구조변화 등 환경변화와 상승작용을 일으켜 임금 · 정년제 등 고용관행 전반에 영향을 미칠 전망이다. 따라서 앞으로 노동력 부족 문제를 해결하기 위해서는 여성 및 고령자고용확대의 필요성이 더욱 중요하게 대두될 전망이다. 이미 '남성-일(직장), 여성-가정'이라는 전통적 성역할의 분리는 퇴색된 지 오래이며 여성의 경제활동참여가 늘어나면서 일과 가정에서의 양성평등욕구가 증대되고 있다.

다른 한편으로 여성 인력은 잠재성이 많은 인적 자본이다. 한국 여성은 활발하기는 하지만, 경제활동참여율이 선진국에 비해서 높은 편은 아니다. 아울러 한국 여성은 양질의 학력, 기술 등 인적 자본이 풍부하고, 기혼여성의 경우는 출산율이 감소되어 출산 및 자녀양육기간이 과거에 비해서 상당히 감소되어 유휴시간이 많아졌다. 그럼에도 현재 여성은 사회적 편견과 불평등으로 사회진출이 용이하지 않은 상황이다. 보다 양성평등적인 가치관이 보편화되고 경제활동을 원하는 여성이 증가함에 따라서 여성의 사회진출을 통해 부족한 인력을 보충할 수 있게 될 것이다(김찬우, 2005).

(3) 재정 · 금융 및 산업구조의 변화

인구고령화로 인해 국민연금수급률(수급자/가입자)이 급증하고 현행 저부담·고급여 체제가 유지된다면 2047년에는 기금이 완전히 소진되는 등 연금재정이 불안정하여 심각한 연금재정위기에 직면할 우려가 제기되고 있다. 고령화가 진전되면 경제활동인구가 감소하기 때문에 보험료를 내는 수는 감소되고, 평균수명연장에 따라 수급자의 증가가 초래되어 연금재정의 지출은 증가할 것으로 전망된다.

또한 군인·공무원 및 사립학교교직원 등 공적 연금의 적자 규모가 기하급수적으로 늘어나 국가재정에 과중한 부담을 지울 전망이다. 따라서 세대 간의 공평한 부담을 위해 보험료 및 급여수준의 조정 등 구조개편이 시급하게 이루어져야 한다는 의견이 제시되고 있다. 그뿐만 아니라 인구고령화로 인해 국가의 재정수지는 장기적으로 악화될 것이다. 저출산에 따른 근로인구의 감소는 조세수입 및 사회보장기여금 등의 수입을 지속적으로 감소시키는 반면, 노인인구의 증가는 연금수급자의 증가 및 노인의료 및 복지비용 등 재정지출 급증으로 이어져 재정수지에 악영향을 미칠 것이기 때문이다.

한편 고령친화산업의 증가 등 금융·산업구조의 변화도 예상된다. 경제력 있는 노인의 증가, 복지수요의 개인화·고도화, 자립의식성숙 등에 따라 노인에 대한 복지수요가 급증하고 있으며 정부의 한정된 재원만으로는 모든 복지수요를 충족시키기 어려우므로 민간자본유치 등 시장원리에 의한 접근방식을 도입해야 할 시대가 도래했다.(국무조정실, 2002).

이제 공공부문과 민간부문의 역할을 분담함으로써, 저소득층 노인은 공공부문에서 사회안전망에 의한 기초욕구를 충족하고 경제력이 있는 중산층 노인은 고령친화산업 등을 통해 다양화, 개인화된 부가적 욕구를 충족하여야 한다. 고령친화산업은 노인 및 노후준비계층의 생활안정·편의 및 건강유지 등에 필요한 서비스를 시장원리에 따라 공급하는 산업을 말한다.

가족부양기능의 약화, 경제력 있는 노인 소비자의 증가, 고령화에 따른 의료수요의 증가, 노인생활욕구의 다양화 등에 따라 고령친화산업의 필요성이 부각되고 있다. 특히, 고령화의 진행에 따라 경제력, 시간, 건강을 갖춘 노인이 급증하고 있으며, 이제는 과거 병약한 노인을 대상으로 한 단순한 의료·요양서비스 등과는 차별화된 새로운 차원의 노인 관련 산업수요가 급증할 것으로 전망된다.

(4) 세입기반의 약화

인구의 고령화와 생산인구의 감소로 인하여 세입기반의 약화가 초래되고 고령자에 대한 국가 및 사회의 지출과 부담이 갈수록 증대되고 있다. 한국의 경우 노인복지비용의 변화추이를 살펴보면, 중앙정부의 노인복지예산은 꾸준히 증가하고 있어, 1992년에는 77억 원(정부예산의 0.003%)이었던 것이, 1995년 610억 원(0.016%), 2000년 2,809억 원(0.25%), 2001년에는 3,009억 원(0.29%), 2002년에는 3,898억 원(0.35%), 2003년에는 4,292억 원(0.37%) 그리고 2004년에는 5,010억 원(0.4%)으로, 지난 4년 동안 노인인구는 23%가 증가한 것에 비해 노인복지예산은 0.15%가 증가한 셈이다. 더구나 2005년에는 노인복지 프로그램의 지방이양계획에 따라 노인복지예산을 3,301억 원으로 대폭 줄였는데, 이는 영국이나 미국에서 정부예산의 15%가량을, 일본은 3.7%, 대만은 2.9%가량을 노인복지에 투입하고 있음을 비교할 때 한국 노인복지예산이 얼마나 열악한 상태인지를 알 수 있다.

4) 노인 개인적 측면

노인문제는 일반적으로 빈곤, 질병, 고독, 무위의 4고로 나누어진다. 즉 노년기에는 노인이 조기정년을 맞아 퇴직하거나 노후소득보장제도 및 일거리 마련의 미비 등으로 소득원이 상실되어 은퇴 후 빈곤문제가 야기되고 있으며, 신체적 약화나 노화로 질병이나 건강상의 문제가 발생하고 있다. 그리고 핵가족화 및 대화의 부족, 가족결속도 감소 등으로 인해 고독과 소외감의 문제 등이 생겨나고 있으며, 아울러 가정과 직장에서의 역할상실로 인해 할 일이 없는 무위의 문제가 대두되고 있는 것이다. 이런 노인의 문제는 한 가지씩 따로 오는 것이 아니라 두 가지 이상이 겹쳐서 진행되므로 노인의 고통은 더욱 가중되고 있다고 볼 수 있다. 현재, 우리 사회는 과거의 어느 시기보다 노인을 위한 자리를 마련하지 못하고 있다. 또한 노인인구의 증가는 노인문제에 대한 보다 질적인 접근과 다각적 측면에서 노인문제에 대한 이해를 필요로 하고 있다.

(1) 수입 감소

퇴직으로 인해 정기적 수입원이 단절되고 연금, 퇴직금, 저축, 재산수익 등으로 수입이 대치된다. 노령연금이 오래전부터 실시된 나라에서도 퇴직 후의 수입이 절반 이하로 절감되나 한국의 경우 노인은 경제상태가 더욱 악화된다. 수입 감소는 노인인구를 빈곤에 빠트리고 자녀에게 생활을 완전히 의존케 함으로써 노인은 물질적 곤란과 함께 심리적 고통을 안게 된다.

(2) 긴 여가시간

의료 및 보건기술의 발달로 사망률이 감소하고 이로 인하여 평균수명이 크게 연장되었다. 따라서 노령기는 점차 길어지고, 특히 55세 정년이 일반적인 한국에서는 55세부터 사회적 노인이 되어 노령기가 더욱 길어진다.

여가의 문제는 주로 퇴직으로 인하여 사회적 직업역할을 상실함으로써 야기된다. 노령기는 역할 없는 역할에 사로잡히는 시간이 되어 많은 노인은 무엇을 하며 지내야 할 것인지, 어떻게 하면 시간을 잘 보낼 수 있을 것인지의 문제를 안고 고민한다. 한국의 경우 노인세대는 여가생활에 대한 사회화를 할 기회가 없었으며 여가시설 부족, 여가 프로그램의 미개발로 인해 많은 노인이 여가활용에 어려움을 겪고 있다.

(3) 역할상실

가족 노동력의 필요성 저하와 출산율 저하는 노인인구의 수와 비율을 상대적으로 증가시켰고, 생산기술의 자동화로 필요한 생산노동력의 감소를 가져왔다. 따라서 젊은 세대와 노인세대 간의 취업 및 직업역할수행에 경쟁이 생겨나고 신체적·정신적 기능이 약화된 노인이 이 경쟁에서 뒤지게 되므로 연령의 제한으로 노령자를 생산현장에서 물러가게 하는 퇴직 제도를 만들었다. 이로 인해 노인은 직업역할을 상실하게 된다. 또한 직업역할상실로 다른 사회적 역할과 생계유지자로서의 역할도 상실되어 심각한 문제를 야기한다. 지난 30년여 간의 급속한 산업화와 이에 따른 퇴직제도에 의해 정년퇴직한 노인을 배출한 지 얼마 되지 않은 한국은 사회적으로 노령기에 적절한 역할과 규범이 확립되지 못하고 있어 대부분의 노인이 무엇을 해야 할지 모르고 방황하고 있다.

(4) 건강약화와 보호

생물학적 또는 신체적 노화에 의한 노인의 건강약화는 수입부족으로 인해 적절한 보호를 어렵게 하고 있다. 젊은 세대에 비해 유병률이 2~3배 이상에 이르며 만성적 질병과 합병증적 현상도 빈번하여 많은 진료비가 필요하므로 노인질병의 경우 의료보험이나 의료보호의 제도적 지원 없이 개인적으로 일시에 의료비를 부담하는 일은 매우 어려운 일이다. 노인건강상태는 신체의 노화로 인해 일반적으로 약화되지만 적절한 의료적 처치로 건강을 유지하고 노화속도를 지연시켜 기능적으로 활발한 노후생활을 연장시킬 수 있다는 전제에서 노인의 건강보호문제는 노인문제로서 큰 의미가 있다.

(5) 부양 및 보호

대부분의 노인은 수입 감소로 자녀에게 경제적으로 부분적으로 혹은 전적으로 의존한다. 그러나 자녀의 경제적 여건이 좋지 못하거나 가치관의 차이로 경제적 부양을 받지 못할 경우도 있으며, 또한 건강의 약화로 자녀의 간호와 시중이 필요한 때가 많으나 핵가족화, 여성의 취업 등으로 가족 중에 노인을 부양할 사람이 없거나 부족하여 부양의 문제가 심각하다.

(6) 사회적 · 심리적 고립과 소외

교육의 대중화는 일반적으로 부모세대보다 자녀세대의 교육수준을 높였고, 이로 인해 부모의 지식수준이 상대적으로 뒤지고 있다. 또한 교육은 강력한 사회화의 수단으로 교육수준이 다른 세대 간에 사회화의 차이를 가져와 부모−자녀 간의 갈등과 고립을 가져오는 요인이 되었고, 가정과 사회에서 세대 간의 고립과 소외를 낳았다. 또한 도시화는 사회적 이동과 지리적 이동을 유발하여 사회적 지위의 전도, 핵가족화를 촉진시키며, 결국 사회와 노인 간, 젊은이와 노인세대 간, 가정 내의 부모−자녀 간의 사회적 · 심리적 고립과 소외문제를 발생시키고 있다.

Chapter **4**
저출산 · 고령사회의 이해

04 저출산 · 고령사회의 이해

제1절 저출산 문제와 그 영향

고령화의 주원인으로는 의학발달로 인한 수명연장과 그로 인한 고령인구의 증가를 들 수 있지만 그에 못지않게 중요한 또 하나의 원인으로 저출산을 들 수 있다. 이렇듯 고령사회와 저출산을 분리하여 생각할 수 없으므로 저출산 문제의 원인을 살펴보자.

1) 지속적 출산력 감소

가임여성 1명당 평균 자녀수가 1970년 4.53명에서 2008년 1.19명, 2009년 1.15명으로, 합계출산율이 1970년 4.53명의 높은 수준에서 1983년 대체출산력(장기적으로 현재 인구를 유지하는 데 필요한 출산력 수준) 수준인 2.08명으로 낮아졌고, 2009년 1.15명으로 지속적 감소세를 보이고 있다. 1970년 조출생률은 31.2명에서 1990년 15.4명, 2009년 9.0명으로 지속적 감세를 보였다. 1970년대 초반에는 100만 명 이상이 출생하였으나 그 후 지속적으로 출생아 수가 감소하여 2009년에는 44만 5,000명으로 경제협력개발기구(OECD) 국가 가운데 최저수준의 출산율을 기록하고 있다.

〈표 2-5〉 출산율 추이   (단위 : 천 명, %, 명)

구분	1970	1983	1990	2000	2001	2002	2003	2008	2009
출생아 수	1,007	778	659	637	557	495	493	466	445
조출생률*	31.2	19.5	15.4	13.4	11.6	10.3	10.2	9.4	9.0
합계출산율**	4.53	2.08	1.59	1.47	1.30	1.17	1.19	1.19	1.15

출처 : 통계청(2008), 2008 인구동태통계연보(총괄·출생·사망 편).
  * 조출생률 : 인구 천 명당 출생아 수
** 합계출산율(Total Fertility Rate, TFR) : 가임 여성 한 명이 평생 동안 낳을 평균 자녀 수.

2) 남녀 초혼연령의 지속적 상승

1981년 초혼연령은 남자 26.4세, 여자 23.2세에서 2008년 남자 31.6세, 여자 28.7세로 상승했는데, 이는 젊은 층의 경제활동참여 및 교육수준 증가 등에 따른 것으로 보인다. 한편 서울에 거주하는 남녀의 평균초혼연령이 30세를 넘어선다. 2011년 서울 남성들의 평균초혼연령은 32.3세, 여성은 30.0세로 나타났다(서울시 2011년 혼인·이혼통계인구 동향조사).

〈표 2-6〉 연도별 초혼연령   (단위 : 세)

구분	1981	1990	1995	2000	2008
남	26.4	27.8	28.4	29.3	31.6
여	23.2	24.8	25.4	26.5	28.7
차이	3.2	3.0	3.0	2.8	2.9

출처 : 통계청(2009), 2009 혼인통계.

3) 젊은 여성층 미혼율 급증

한국 20세 이상 여성 미혼율이 저연령층에서 증가를 보이고 있다. 특히 25~29세의 여성 미혼율이 1970년 9.7%, 1980년 14.1%, 1990년 22.1%, 2005년 59.1%로 높아졌으며, 앞으로 계속 높아질 전망이다.

〈표 2-7〉 여성의 연령별 미혼율 (단위 : %)

구분	1970	1980	1990	2000	2005
15~19세	97.1	98.2	99.5	99.3	99.6
20~24세	57.2	66.1	80.5	89.1	93.7
25~29세	9.7	14.1	22.1	40.1	59.1
30~34세	1.4	2.7	5.3	10.7	19.0
35~39세	0.4	1.0	2.4	4.3	7.6
40~44세	0.2	0.5	1.1	2.6	3.6
45~49세	0.1	0.3	0.6	1.7	2.4

출처 : 통계청(2006), 장래인구추계.

4) 저출산 영향으로 생산가능인구 감소

저출산 영향으로 생산가능인구는 2016년을 고비로 감소할 전망이다. 생산가능인구(15~64세)는 2005년 현재 34,671천 명(총인구 중 71.8%)에서 2016년 36,496(73.2%)을 고비로 점차 감소하여 2020년 35,838천 명(71.7%), 2050년에는 22,755천 명(53.7%)에 이를 것으로 전망한다. 연령별로는 취학이 대부분인 15~24세 젊은 연령층 인구는 2005년 전체 생산가능인구의 19.9%(6,908천 명)를 차지하나 출산율 감소에 따른 유년인구 유입감소로 2020년 15.5%, 2050년 14.2%로 낮아질 것으로 전망한다.

경제활동이 가장 왕성한 25~49세 연령층은 2005년 전체 생산가능인구의 20,661천 명(59.6%)에서 2007년 20,825천 명(59.4%)을 고비로 점차 감소하여 2020년 19,395천 명(51.3%), 2050년 10,295천 명(45.2%)으로 감소할 전망이다. 생산가능인구 중 비교적 높은 연령층인 50~64세 인구는 2005년 생산가능인구의 20.5%(7,102천 명) 수준에서 2020년 33.2%, 2050년 40.5%로 증가할 것으로 전망한다.

〈표 2-8〉 생산가능인구 추이   (단위 : 천 명, %)

구분	2000	2005	2010	2020	2030	2050
총인구	47,008	48,294	49,220	49,956	49,329	42,348
15~64세	33,702	34,671	35,853	35,383	31,892	22,755
총인구 대비	(71.7)	(71.8)	(72.8)	(71.7)	(64.7)	(53.7)
15~24세	7,697	6,908	6,468	5,547	4,266	3,235
25~49세	19,816	20,661	20,428	19,395	15,763	10,295
50~64세	6,189	7,102	8,956	11,879	11,863	9,255
15~64세(%)	100.0	100.0	100.0	100.0	100.0	100.0
15~24세	22.8	19.9	18.0	15.5	13.4	14.2
25~49세	58.8	59.6	57.0	51.3	49.4	45.2
50~64세	18.4	20.5	25.0	33.2	37.2	40.5

출처 : 통계청(2005), 장래인구 특별추계.

제2절 인구고령화와 그 영향

1) 인구고령화

65세 이상 노인인구는 2000년을 기점으로 총인구의 7%를 상회하여 본격적 고령화 사회(aging society)에 돌입하였고, 2018년에는 14%를 넘어 고령사회(aged society)에 진입할 것으로 전망된다. 노인인구비율이 7%에서 14%에 도달하는 데 걸리는 기간이 18년이며, 14%에서 20%는 8년에 불과하여 선진국이 경험한 고령화 속도에 비해 빠른 속도로 진행되고 있다.

〈표 2-9〉 노인인구 추이   (단위 : 만 명, %)

구분	2000	2006	2010	2018	2026
총인구	4,701	4,830	4,887	4,934	4,904
노인인구	339	459	536	707	1,022
비율	7.2	9.5	11.0	14.3	20.8

출처 : 통계청(2006), 장래인구추계.

2) 혼자 생활하는 노인 증가

65세 이상 인구 중에 가족과 떨어져 혼자 사는 노인비율이 1990년 8.9%에서 2006년 18.2%로 16년 사이에 두 배 이상 증가하였다. 이는 65세 이상 인구증가보다 노인단독가구가 빠른 속도로 증가하는 데 기인한다. 65세 이상 노인이 2006년 4,586천 명에서 2010년에는 5,357천 명으로 증가, 특히 혼자 사는 노인은 2배 이상 증가할 것으로 전망된다.

〈표 2-10〉 독거노인 추이   (단위 : 천 명, %)

구분	1990	1995	2006	2007	2008	2009	2010
독거노인 수	193	349	833	882	933	987	1,044
전체 노인 수	2,162	2,640	4,586	4,810	5,016	5,193	5,357
독거노인비율	8.9	13.2	18.2	18.3	18.6	19	19.5

출처 : 통계청(2006), 장래인구추계.

〈표 2-11〉 노인인구 및 독거노인 증가율 추이   (단위 : %)

연도	1990~1995	1995~2000	2000~2005	2005~2010	2010~2015	2015~2020
65세 이상 인구증가율	4.1	5.0	5.4	4.1	3.8	3.9
혼자 사는 노인인구증가율	12.6	9.2	7.7	5.8	4.3	4.1

출처 : 통계청(각 연도), 인구주택 총조사보고서.

3) 노인부양 문제

노년부양비(65세 이상 인구/15~64세 인구)는 2009년 14.7%이나 평균수명 증가로 2020년 21.7%, 2050년 72.0%로 높아질 전망이다. 2006년 생산가능인구는 7.6명당 노인 1명, 2020년에는 4.6명당 노인 1명, 2050년에는 1.4명당 노인 1명을 부양하는 셈이다. 2009년 노령화지수는 63.5%로 10년 전(1999년) 32.3에 비해 31.2%p 증가하였다. 2016년에 이르면 노령화지수가 100.7%로 고령인구가 유소년인구를 초과할 것이라 예상되고 있다.

4) 이혼인구 증가

2009년 이혼건수는 12만 4,000건으로 2008년의 11만 6,500건에 비해 7,500건(6.4%) 증가하여 2007년과 비슷한 수준을 보이고 있다. 2008년 6월 이혼숙려제 도입에 따른 신고공백으로 2008년 이혼건수가 감소하였으나, 다시 증가하는 추세이다. 조이혼율은 1970년 0.4건에서 꾸준히 증가하여 1990년에는 1.1건, 2009년에는 2.5건으로 지속적으로 증가하다 2003년 3.4건을 정점으로 감소하였으며, 2006년부터 2.5건 수준을 보이고 있다. 과거에 비해 이혼이 계속 늘어나는 것은 자기중심적인 삶의 지향 등 가치관의 변화와 부부 간의 성격 차이 등에 의한 것으로 풀이된다.

〈표 2-12〉 이혼건수 및 조이혼율   (단위: 천 건, %, 건)

구분	1970	1975	1980	1985	1990	1995	2000	2005	2008	2009
이혼건수	12	16	24	39	46	68	120	128	116	124
조이혼율	0.4	0.5	0.6	1.0	1.1	1.5	2.5	2.6	2.4	2.5
1일 평균 이혼건수	32	45	65	106	125	187	329	351	318	340

출처: 통계청(2009), 2009 인구동태통계연보(혼인·이혼 편).

2004년 이혼건수(193천 건)의 65.5%(91천 건)가 20세 미만의 미성년 자녀를 두고 있으며, 그중에 1명의 자녀는 28.1%(39천 건), 2명의 자녀는 32.7%(42천 건), 3명 이상의 자녀가 있는 경우도 4.7%(7천 건)나 된다. 2009년에는 이혼한 부부 중 55.2%인 6만 8,500쌍이 20세 미만 미성년 자녀를 두고 있는 것으로 나타나 감소함을 보였다. 미성년 자녀가 없는 이혼의 경우는 꾸준히 증가하고 있으며, 이는 동거기간이 20년 이상인 부부의 이혼증가에 기인한 것으로 본다(통계청, 2009).

5) 고령화에 따른 치매노인 증가

보건복지부(2012. 10. 31)에 따르면 우리나라 치매 환자 수는 2012년 10월 기준 53만여 명이다. 최근 4년 사이 10만 명이 늘었고, 2025년이면 100만 명을 넘어설 것으로 예상하고 있다. 53만 명 중 국가가 지원하는 요양시설과 간병인 도움을 받는 사람은 14만 900명이고, 나머지는 가정에서 각각 알아서 치매환자를 돌보고 있다. 한국의 치매유병률은 1997년 8.3%, 2000년 8.2%로 조사되었으며, 2030년에는 9%에 달할 것으로 예상된다. 즉, 2008년 42,000,000명에 비해 4년만에 26% 늘어났다. 2020년에는 80만 명, 2025년에는 103만 명, 2050년엔 노인 8명 중 1명(237만 9,000명)이 치매를 앓을 것으로 추정하고 있다.

Chapter **5**

시니어를 위한
스토리텔링 놀이치료

Chapter
05 시니어를 위한 스토리텔링 놀이치료

　스토리텔링으로 동화를 들려주는 교사는 어르신들에게 산타클로스 할아버지처럼 반가운 존재여야 한다.

　교사는 문학성과 교육성을 내포한 동화를 입체적인 음성언어로 들려주어 어르신의 정서적 안정을 극대화시키고 감성언어 표현을 향상시키며 동시에 전인적인 교육으로 이어질 수 있도록 해야 한다. 교사는 동화를 이해·분석·개작하여 입체적인 음성언어로 구연함으로써, 아동문학의 문학성과 교육성을 언어감성으로 향상시키고, 동화내용을 중심으로 총체적 언어교육 또는 통합적 교과영역으로 접목하여 수업을 진행하는 전문교사가 되어야 한다.

　가장 훌륭한 교사는 아동문학을 본질적으로 이해하고 분석하여 사랑하는 마음이 충전된 상태에서 동화를 들려주는 사람이다. 조화 造花가 아닌 생화 生花로 활짝 피워서 문학의 향기를 전달할 수 있어야 한다.

　또한 교사는 동화를 들려주고 끝나는 차원이 아니라 교육적 학습방법으로 어르신을 대해야 한다. 즉, 어르신에게 한 편의 동화를 들려주어 정서적인 풍요로움을 주는 것으로 끝나지 않고 동화를 통해서 학습도 하고 놀이도 하여 즐거움을 누릴 수 있도록 하는 것이다. 이러한 까닭은 동화를 통한 학습이 어르신에게 놀이를 통한 치료의 행위가 되기 때문이다. 스토리텔링의 장르가 유아교육뿐만 아니라 노인복지에 있어서 중요한 부분으로 자리 잡고 있는 이유가 여기에 있다.

　교사는 표피적인 흥미만 주는 일회성의 목소리 연기자가 아니다. 삶의 무의미를 느낄 수 있는 어르신에게 꿈과 희망, 감동과 즐거움을 전달해 주어야 한다.

전문적인 스토리텔링 교사가 되기 위해서는 첫째, 아동문학에 대한 전반적인 이해와 둘째, 스토리텔링의 이론인 화술·의사전달력·태도를 습득하고 셋째, 동화를 활용한 효과적인 지도방법론을 습득하여야 한다.

제1절 스토리텔링 교사의 자질

1) 정신적인 면

교사의 주요 특질은 정신적인 면과 신체적인 면으로 구분할 수 있다.

정신적인 면에서 주로 동화를 분석하고, 들려주고, 활용하는 행위를 하므로 이해력 및 표현력·판단력·심미성·기억력을 요구한다.

그리고 아동문학에 대한 애정과 관심이 기본적으로 바탕이 되어야 하며, 음성언어로 들려주기 때문에 외우거나 연습하는 과정이 충분해야 한다. 또한 어르신의 반응을 살펴가면서 이야기를 재미있게 들려줄 수 있도록 수업 준비를 철저히 하는 책임감이 요구된다. 더불어 긍정적인 사고방식과 미래지향적인 사고를 가져야 한다.

2) 신체적인 면

교사는 신체적인 면에서 용모와 자태가 단정해야 하며 발음·청각의 예민성을 필요로 한다. 스토리텔링은 한 편의 동화를 공연하는 예술가가 아니다. 전문교육 프로그램의 지도교사이므로 행동에 있어서 어르신에게 모범이 되어야 한다. 평상시에도 바른말·고운 말을 사용하여야 하며, 은어隱語·비어卑語·속어俗語·특이한 어조語調와 특유의 말버릇은 사용하지 말아야 한다. 말은 습관처럼 굳어지는 특성이 있어 쉽게 바꿀 수 없기 때문이다.[2]

---

2) 교사들은 문자 메시지를 보낼 때도 국어정서법에 어긋나는 낱말 사용을 자제해야 한다. 물론 어른들끼리 주고받는데 무슨 문제가 되느냐고 할 수 있지만 바른 말 고운 말로 된 동화를 텍

차림새는 너무 화려하지 않아야 하며 너무 검소하지도 말아야 한다. 청바지에 티셔츠를 입고 슬리퍼를 신은 차림, 집시 *Gypsy* 여인 같은 치렁치렁한 차림, 요란한 장신구를 주렁주렁 달고 지붕 같은 모자를 쓴 차림은 지양해야 한다. 특히 모자는 실내에서 벗는 것이 예의다. 교사로서 단정하고 품위 있는 차림새는 교사 스스로 수업에 임하는 중요한 마음가짐이며 어르신과 관계자들에게 신뢰감을 주게 된다.

그러므로 교사는 어르신에게 안정감을 주기 위해 밝은 얼굴표정으로 편안하게 해야 한다. 구연 시에는 과장된 몸짓이나 태도 등 불필요한 동작을 사용하지 않도록 해야 한다.

또한 몸짓이나 표정이 지나치게 많아도 산만하며, 석고상처럼 굳어 있어도 흥미감과 집중력을 떨어뜨린다. 동화 속 인물들의 시선처리는 상하좌우 15도 각도로 표현하는 것이 자연스럽다.

제2절 스토리텔링 교사의 특성

1) 스토리농부

교사는 어르신의 마음을 일구는 농부다.

어떤 가치관을 가지고 지도하느냐에 따라 어르신의 마음을 돌밭·자갈밭·모래밭·기름진 땅으로 만든다. 선악에 대한 판단, 자연과의 화합과 조화로움, 생명의 고귀함과 더불어 사는 세상, 사람과 사람 사이에서 지켜야 할 도리, 사회구성원으로서의 의무, 감사함과 겸손함 등이 어르신의 마음 밭을 구성하는 요소가 된다.

농부가 오직 돈을 벌기 위해서 농약을 과다하게 주고, 작물을 보기 좋게 만들기 위해 약을 많이 친다면 더 이상의 작물을 수확할 수 없는 산성토가 되어버린다. 반면, 생명을 키워 내는 땅의 소중함을 생각하는 농부는 비록 더디고, 힘들지라도, 맛

스트로 하여 언어교육을 담당하는 전문교사이기 때문이다.

좋고 건강에도 좋은 작물을 오랫동안 수확할 수 있다.

교사와 어르신과의 관계는 마치 농부와 땅의 관계와 같다. 교사는 어떤 농부의 자세로 어르신을 지도하여야 할지 늘 자각하고 있어야 한다.

2) 스토리화가

교사는 세상풍파에 시달린 어르신의 마음에 편안하고 행복한 삶의 모습을 그리는 사람이다. 구불구불한 곡선으로 삶의 여유를 보여주고, 반듯한 직선을 보며 강직함을 깨닫게 한다. 또는 날카로운 송곳 같은 선을 통해 폭력이 나쁨을 알게 한다. 빨강·파랑·노랑·초록·검정·흰색 등 다양한 색을 통해 감정의 색깔도 배우게 한다. 다양한 선과 색으로 삶의 그림을 보여줌으로써 "어떤 마음을 가지고 어떤 모습으로 살아가는 것이 보기 좋은 그림이 되는지"를 느끼게 한다.

밝고 환하고 아름다운 그림을 많이 본 어르신은 긍정적이며 희망적인 마음을 가진다. 반면, 어둡고 칙칙하며 난폭한 그림을 많이 본 어르신은 부정적이며 폐쇄적인 마음의 비중이 커진다. 교사를 어르신의 마음에 그림을 그리는 화가라 함은 바로 이런 이치와 같다.

이 세상을 밝고 투명하고 아름다운 언어로 표현하는 경우와, 부정적이고 폐쇄적인 언어로 표현하는 것과는 상당한 차이가 있다. 따라서 스토리텔링은 어르신들에게 삶에 대한 부정적인 시각이나 절망감을 심어 주지 않도록 꿈과 희망을 줄 수 있는 언어를 사용하는 것이 바람직하다.

3) 스토리건축가

교사는 어르신의 놀이터를 만드는 건축가다.

어르신은 노화된 신체로 행동에 제약을 받는다. 제한된 환경에서는 수동적인 자세로 생활 할 수밖에 없다. 그러므로 시간과 공간의 자유로운 이탈이 가능하고, 자연스럽게 만물과 교감이 가능한 놀이터를 만들어 주어야 한다.

이때 어르신은 교사가 만들어 놓은 동화의 놀이터에서 마음껏 놀면서 스트레스를 해소한다. 현실과 비현실이 공존하는 무한한 넓이의 놀이터, 상상할 수 있는 모든 것들이 현실로 이루어지고, 그 누구와도 마음껏 이야기하며 웃고 울 수 있는 동화가 바로 놀이터가 된다. 어르신은 동화를 통해 자신의 욕구를 충족하며 새로운 일을 할 수 있는 에너지를 얻게 된다.

상상력은 어르신에게 신선한 충격이 될 수 있으며, 최고의 즐거움일 뿐만 아니라 자유의 상징이며 생명의 도약이다. 즉, 공상과 상상의 즐거움이 어르신에게 얼마나 중요한가를 역설한 것이다. 그러므로 교사는 어르신이 마음껏 상상하고 즐길 수 있는 놀이터가 될 수 있도록 스토리텔링 수업지도안을 설계해야 한다.

4) 스토리교사

'교사는 언어를 부리는 예술가'(듀이 Dewey)라고 한다. 교사는 언어를 통하여 학생들이 생각하고 느낄 수 있게 하는데 여기에서 언어란 사고를 촉진시키는 매개체를 뜻한다. "언어학습은 사고(의미)를 표현하는 방법의 학습(할리데이 Halliday)"이라는 말처럼 교사는 언어와 사고의 통합적 교육을 하는 것이다. 이렇게 볼 때 어르신들에게 스토리텔링은 놀이치료 뿐만 아니라 어르신의 사고 방향을 잡아주는 교사 역할을 하기도 한다.

스토리텔링은 동화를 입체적이고 효과적인 음성언어로 전달하고 동화의 내용을 총체적 언어교육 또는 놀이치료로 접목함으로써 어르신의 감성언어와 이성언어의 조화로운 표현을 향상시키기 때문이다.

따라서 스토리텔링 수업은 사람들의 가치 있는 삶을 재현한 동화를 텍스트로 하므로 희로애락의 감성언어와 논리적 사고력을 바탕으로 한 이성언어의 조화로움을 추구한다. 즉, 동화의 이해·적용·확장을 통해서 어르신의 정서함양과 자존감 향상, 행복한 삶의 가치관을 재정립할 수 있도록 한다.

(1) 사회대표자

어르신의 노년생활 방향 결정에 있어서 교사가 미치는 무의도적인 영향은 매우 크다. 특히 어르신에게 스토리텔링 놀이치료를 지도하는 교사는 어르신들이 교사의 말과 행동을 그대로 흡수해 버린다는 백지설 白紙說을 염두에 두어야 한다. 삶의 풍파를 겪은 어르신들이지만 어르신들은 유아와 같은 단순한 사고를 가지고 있기 때문이다.

(2) 판단자

교사가 의도적·무의도적으로 내리는 판단은 어르신의 자아개념 형성에 큰 영향을 미치며 학습과정에 직접적인 영향을 미친다. 일관적이지 않는 행동은 교사와 수업에 대한 신뢰감을 실추시키게 된다. 특히 어르신이 갈등이나 난관에 부딪혔을 때 그들이 쉽게 취하는 행동방식은 동일화 방식인데 어르신의 중요한 동일화 대상은 교사다. 그러므로 교사는 학습 집단 내에서의 의견 불일치, 갈등, 대립 등을 만족스럽게 해소하기 위해 공정하게 시비를 가려내거나 지혜로운 판단을 해야 한다.

(3) 지식자원

교사는 자신이 가르치는 과목에 대하여 포괄적인 지식을 소유하고 있어야만 의미 있는 교육 목표를 세우고 내용과 방법을 적절하게 선정할 수 있다. 무늬만 교사인 경우 어르신에게 거짓말쟁이 교사가 되며 그러한 교사가 진행하는 수업은 인정받지 못한다. 교사도 시대의 흐름에 따라 변화하는 지식에 대하여 끊임없이 배우고 또 배워야 한다.

(4) 자아옹호자

교사는 수업을 진행하면서 어르신에게 현실적인 목표를 설정해 주거나 작업과정에서 성공감을 맛보게 하거나 주위의 인정을 받을 수 있도록 해야 한다. 또한 어르신의 심리를 이해하여 자아를 정당하게 옹호해 주어야 한다. 이럴 때 어르신은 교사와의 공감대를 갖게 되므로 친근감을 느낀다.

예를 들어 발표를 잘 못하는 어르신이 성취감을 느낄 수 있도록 수업의 한 요소를 가미한다든가 물건을 잘 챙기지 못하는 어르신에게 현실적인 목표를 설정해 줌으로써 자신감을 가질 수 있게 한다.

(5) 애정상대자

교사는 어르신의 개인적인 기쁨과 감정을 공유하거나 관심을 가지고 같이 나눌 수 있어야 한다. 특히 어르신이 주변인들의 충족한 애정을 느끼지 못한 경우 교사에 대한 애정은 극대화에 이른다. 단, 교사는 어르신의 감정을 올바른 방식으로 처리할 수 있도록 도와주어야 한다.

(6) 전문가

70세 할아버지도 일곱 살 손자에게 배운다는 말이 있다.

배움에는 남녀노소 구분이 없다는 의미이다. 그러므로 진정으로 어르신을 사랑하고 정말 대우 받는 전문교사가 되고 진정한 프로가 되고 싶다면 배우고 또 배우는 자세가 필요하다.

대체로 스토리텔링 자격증을 취득하고 나면 바로 현장에서 교사가 되고 싶어 한다. 이는 운전면허증만 들고 도로로 나가는 것과 같은 행위다. 배운 만큼 자신의 실력이 된다는 것을 명심하고 어르신들을 대상으로 한 스토리텔링 놀이치료 수업을 진행하는 지도방법론을 배우고 보조역할도 하면서 실제 경험을 익혀야 한다.

① 동화 제대로 알기

스토리텔링 수업을 잘하려면 주요 텍스트인 동화에 대한 전반적인 이해와 분석이 바탕이 되어야 한다. 적을 알아야 백전백승! 이라는 말이 있듯이 동화의 실체를 정확하게 분석하지 못하면 동화를 마음대로 요리할 수가 없다.

이때 주의해야 할 점은 동화를 건성으로 분석하지 말아야 한다. 선무당이 사람 잡는다는 옛 속담이 있듯이 내용을 제대로 파악하지 못하고 대충 훑어보고 나름대로 분석해 버리면 심각한 오류를 범할 수 있다.

동화를 제대로 알기 위해서는 동화 이해의 사고단계인 인지 → 고찰 → 병치 → 자기적용을 대입하면 효과적이다.

② 캐릭터 분석 연구하기

구연은 등장인물의 캐릭터를 얼마나 포착하느냐에 따라 전달력이 달라진다.

동화 내용을 잘 분석해서 캐릭터 설정을 한 다음 그 등장인물이 되어서 상황에 맞는 언어 표현을 하면 누구나 감동 받을 수밖에 없다. 어르신들은 어린아이처럼 단순하고 순수한 면을 가지고 있기 때문에 포장된 목소리와 진실 된 목소리를 구분해 낸다.

등장인물의 캐릭터 파악은 무엇보다도 확실하게 분석해야 한다.

예를 들어 동화에 등장하는 여우는 모두 간사하고 남을 속이는 여우가 아니다. 할아버지는 모두 꼬부랑할아버지가 아니다. 이처럼 캐릭터 분석이 되지 않으면 동화 내용을 제대로 전달할 수 없다.

가장 감동적인 구연을 하기 위해서는 아동문학을 본질적으로 이해하고 사랑하는 마음으로 충전하여 동화를 들려주어야 한다. 대체적으로 어르신들은 고독하고 더 이상 바랄 것이 없다고 생각하며 살아간다. 따라서 어르신에게 삶의 지혜와 꿈과 희망을 감동과 즐거움으로 전달해 주는 것이 매우 중요하다.

③ 배우고 또 배우기

교사는 늘 배우는 자세로 어르신을 대해야 한다.

무엇을 어떻게 구연하면 청자(어르신)와 스토리텔러(교사)가 하나가 되어 문학적인 감동을 주고받을 수 있게 되는지 연구해야 한다. 무엇을 어떤 방법으로 접목하면 즐겁고 신나는 놀이치료 시간이 될 수 있을지 연구하고 배워야 한다. 행동과 말로는 최고의 교사인 것처럼 하면서도 10년 전의 자료를 재탕 삼탕 하는 것은 어르신을 기만하는 행동이며 교사로서 자질이 없는 사람이다.

스토리텔링 교사는 분명히 어르신 교육의 한 부분을 담당하는 전문교사다. 특별한 사명감 없이 구태의연한 전문교사의 모습으로 어르신을 대해서는 안 된다. 늘 새로운 지도방법을 배우고 연구하여 어르신에게 전달하는 기쁨을 가지고 꾸준히 노력하는 사람만이 교사로서 성공할 수 있다.

제3절 스토리텔링 놀이치료의 효과

1) 상상력 향상

동화는 가치 있는 사람들의 삶을 축소시켜 재현한 이야기다. 즉, 동화에서는 사람이 주인공이 된다. 청자는 주인공과 동일시하므로 동화 속 주인공은 바로 청자가 된다. 따라서 청자는 동화를 들으며 무한한 상상력과 즐거움을 가진다. 동화 속에는 현실세계와 비현실세계가 공존하며 마음대로 넘나들기 때문이다.

스토리텔링을 통한 문학적 상상력은 피상적으로 머무는 것이 아니라 현실생활과 밀접한 관계가 있어 교육적 효과가 높다. 아무리 난폭한 사람이라도 동화를 들을 때는 온순해지고 아무리 나약한 사람이라 할지라도 동화 속에서 용감해 질 수 있도록 하는 것이 동화의 힘이다. 그러므로 남녀노소 불문하고 동화를 듣는 청자들의 눈빛은 신선함과 빛남, 기쁨으로 가득 차 있다.

(1) 인식적 認識的 상상력

효율적인 의사소통의 가장 기초가 되는 것은 듣기를 잘하는 것이다.

듣는 것이 많아야 생각거리도 많고 의사표현도 자유로워진다. 듣는 것(지식정보 기타)이 많으면 대화 · 토의 · 토론 · 대인관계 · 각종 미디어매체 이해에 도움을 준다.

스토리텔링은 어르신에게 동화 속의 이야기를 있는 제대로 파악하고, 인지하게 함으로써 인식적 상상력을 향상시킨다. 예를 들면, 전래동화 〈옹고집전〉를 읽고 나면 '아주 인색한 영감이 있지', '욕심만 부리고 베풀지 않으면 오히려 해가 되지' 등 동화 속 사실을 인식하게 한다.

(2) 조응적 調應的 상상력

어르신은 동화 내용을 인식함으로써 자신의 생활을 되돌아보고 분석 · 비판한다. '주인공이 이렇게 하면 이렇게 되는구나.', '저렇게 하면 저렇게 되는구나.' 등 타인의 삶을 관조하고 자신의 생활을 되돌아본다.

주인공이 상황을 대처해 나가는 행동을 보면서 문제해결 능력을 배운다. 즉, 상황에 대처하는 주인공의 행동을 분석함으로써 비판능력이 생긴다. 비판능력은 논리적인 말하기 능력을 향상시키고 보다 나은 삶을 추구하기 위한 행동변화를 일으키게 하며, 상대방을 이해하고 조화롭게 대응하는 조응능력을 향상시킨다.

예를 들면, 옹생원이 '왜 인색한지', '왜 벌을 받는지', '왜 사람들은 도와 주지 않는지'에 대해서 분석한다. 그리고 그러한 상황에 처한 옹생원의 행동을 보고 '나라면 그렇게 하지 않았을 텐데.'라는 생각으로 문제해결력을 향상시킨다. 동시에 '베풀며 살아야겠다.'는 생각을 하게 된다. 그러므로 주변 어르신들이 어려움에 처했을 때 도와주고자 하거나 빵 하나라도 나눠 먹으려는 행위를 하게 된다.

(3) 초월적 超越的 상상력

동화의 세계는 현실뿐만 아니라 비현실 세계가 존재한다.

비현실의 세계가 존재하는 까닭은 현실에서 충족되지 못한 욕구불만이나 결핍된 부분을 보완해주기 때문이다. 이러한 비현실세계를 통해 어르신은 보다 나은 자신의 삶을 희망적으로 그리며 이미지화한다. 초월적 상상력은 더 나은 현실을 만들기 위한 창의력을 생산하므로 보다 나은 삶을 추구하는 방향타 역할을 한다. 그러므로 어르신은 동화 속에 담긴 지혜와 감동과 즐거움을 만끽하며 삶의 보람과 희망을 찾는다.

예를 들면, 〈옹고집전〉를 통해 너와 내가 더불어 잘 살아갈 수 있는 세상을 꿈꾸게 한다. 이러한 생각은 현실의 문제점이나 결핍된 부분을 충족하기 위한 상상력이 되며 이상적·당위적 세계를 창조하는 원동력이 된다.

(4) 긍정적 사고 형성

두뇌 연구가에 의하면 사람이 행복하고 긍정적인 경험을 가질 때는 세로토닌 호르몬이 생성되어 신경세포의 연결을 쉽게 한다. 반면, 억압적이고 부정적인 경험을 할 때는 코티솔 호르몬이 생성되어 신경세포의 연결을 축소시킨다고 한다.

동화는 어르신의 의식과 무의식에 작용하여 존재의 불안을 치유한다.

만약 어르신이 고통스럽거나 힘겨운 감정들을 말로 표현하지 못한 채 계속 갖고 있으면 문제 행동이나 신경증적인 증상으로 나타난다. 어르신에게는 스스로 자신의 고통스런 감정들을 처리하거나 소화시킬만한 내적인 자원이 없기 때문이다. 이런 경우 스토리텔링 놀이치료를 통해서 어르신의 감정을 정리하는데 필요한 시간을 제공할 수 있다.

동화는 어르신스스로의 힘든 감정에 대해 생각해 보도록 도움을 줄 수 있으므로 어르신의 건강한 정서적 소화 체계에 극히 중요한 일부이다. 즉, 동화책 한 권이 어르신의 심리·정서·지적·신체발달에 얼마나 큰 영향을 미치는지를 알 수 있는 부분이다.

아래 그림을 보면서 설명하면 다음과 같다.

세 어르신이 있다고 가정해 보자. 물론 다른 환경적 요소는 아무것도 없는 상태에서 오직 스토리텔링 놀이치료를 받은 것으로 비교해 본 것이다. 출발선상에 있는 어르신이 가지고 있는 숫자의 의미는 각각의 어르신이 가지고 있는 긍정적 사고의 함량이다.

첫 번째 어르신은 어렸을 때 100권의 동화책을 들었고, 두 번째 어르신은 50권의 책을, 세 번째 어르신은 30권의 동화책을 들었다. 앞서 제시한 동화책의 특성을 전제로 한다면 각 어르신은 책 권수에 해당하는 만큼의 긍정적 사고를 가졌다고 가정해 본다. 이 세 어르신이 세상을 살아가면서 받은 스트레스, 좌절, 고통, 슬픔의 강도가 똑같이 50이라고 했을 때 세 어르신의 마음은 각각 다른 모습으로 변화한다.

첫 번째 어르신은 그래도 삶을 살아갈 희망이 50이나 남아있어서 열심히 생활에 적응하며 살아갈 수 있다. 두 번째 어르신은 0이므로 삶에 대한 자신감 결여로 인해 소외된 사람으로 살아가기 쉽다. 반면 세 번째 어르신은 -20에 해당하므로 세상을 부정적으로 바라보게 된다. 세상을 향한 원망과 적대감이 내재되어 있어 어쩌면 신문의 사회면을 장식하는 부정적인 사람으로 전락할 수 있다.

이런 측면에서 볼 때 스토리텔링 교사는 어르신이 문학작품을 통해서 진정한 삶의 아름다움을 찾고, 긍정적 사고로 행복해 질수 있도록 많은 관심을 가져야 한다.

100권 읽은 어르신

(100%) ················ 스트레스, 좌절, 고통 (50%) ·········· (50%)

50권 읽은 어르신

(50%) ················ 스트레스, 좌절, 고통 (50%) ·········· (0%)

30권 읽은 어르신

(30%) ················ 스트레스, 좌절, 고통 (50%) ·········· (−20%)

2) 언어발달의 조력자

교사는 어르신의 언어발달에 중요한 영향을 미친다. 어르신에게 들려주는 말의 종류, 길이, 단어의 기준은 특별히 정해져 있기 보다는 바르고 고운 말로 되어 있는 글이면 된다. 사랑이 듬뿍 담긴 일상적인 말, 부정적인 말보다는 긍정적인 말, 다툼보다는 감쌈의 말, 자연의 아름다움을 노래한 말, 불평보다는 감사함의 말이면 무엇이든 좋다.

스토리텔링은 총체적 언어습득에 도움을 준다.

스토리텔링은 문자언어를 음성언어화시켜 들려주는 의사표현의 행위다.[3]

스토리텔링 수업은 듣기, 말하기, 읽기, 쓰기가 함께 병행되므로 발표력, 표현력은 물론 다른 사람에 대한 배려와 나눔을 갖게 된다. 스토리텔링은 언어표현 양식의 복합체이며 효율적인 의사전달 표현 방법이다. 더불어 어르신의 집중력·지적능력·정서적 상상력까지 향상시킬 수 있다.

---

3) 음성언어는 '말'을 의미하며, 듣기를 통해서 말하기가 행해진다. 문자언어는 '글'을 의미하며, 읽기를 통해 쓰기가 이루어진다. 여기에서 듣기와 읽기는 외부에서 받아들인 시각적·음성적 기호를 해석하는 '수용언어(이해언어)' 기술이다. 반면 말하기와 쓰기는 의미를 전달하기 위해 산출하고 표현한 시각적·음성적 기호이며 '표현언어' 기술이다.

Chapter **6**

스토리텔링을 위한
호흡과 발성

Chapter

06 스토리텔링을 위한 호흡과 발성

제1절 호흡법

인간이 살아 있다는 것은 호흡의 유무에 의해서 결정된다.

호흡은 모든 생명체에 있어서 기본이 되는 신진대사며 발성을 보다 잘 하기 위한 기본 수단이다. 그러나 일반적으로 사람들은 호흡을 의식하지 못한다. 정지하거나 운동 시 폐가 호흡하는 공기량의 증감은 무의식중에 자동적으로 조절되기 때문이다.

호흡은 사람마다 각각의 습관대로 행해지는 경향이 강하므로 처음에는 의도적으로 훈련하는 것이 필요하다. 특히 교사는 기본적으로 호흡을 자유자재로 조절할 수 있어야 하고, 흉식호흡과 복식호흡으로 마음대로 조절하면서 목소리의 크기, 깊이, 음색을 표현하기 때문이다.

호흡은 들숨과 날숨에 의해 흉식호흡과 복식호흡으로 구분한다.

흉식호흡은 가슴으로 숨 쉬는 호흡으로 들숨이 가슴까지만 들어갔다가 날숨으로 나오는 호흡법이다. 흉식호흡은 복식호흡에 대응되는 말로서 주로 늑간근이 작용하는 호흡운동이며 여성에게서 많이 볼 수 있다. 몸 안에 충분히 숨을 담을 수 없으므로 깊이 있는 감정표현이 어렵다.

반면 복식호흡은 들숨이 배까지 내려갔다가 날숨으로 나오는 호흡이다. 산소공급이 신체 각 부위에 골고루 전달되므로 건강에도 좋은 호흡법이다. 복식호흡은 날숨이 배에서 올라오면서 몸 전체를 공명판처럼 울리게 되므로 깊이 있는 목소리가 된다. 복식호흡에서 중요한 것은 숨을 마실 때 몸 안에 있는 숨을 다 뱉은 다음에 마셔야 하는 점이다.

현대인들은 대부분 흉식호흡을 하고 있으므로 복식호흡을 습관화 시키는 것도 필요하다.

복식호흡은 배의 근육을 움직여서 횡격막을 신축시키면서 하는 호흡방식인데 호흡 시 복압이 생긴다. 그러므로 양장의 코르셋, 한복의 치마끈 등은 복식호흡을 방해하므로 착용하지 않고 편안한 옷차림으로 연습하는 것이 좋다.

복식호흡 연습단계를 제시하면 다음과 같다.

첫째, 가부좌 자세로 편안히 앉는다.(혹은 가장 편안한 자세로 눕는다.)

둘째, 허리를 바르게 펴고 어깨는 일직선으로, 가슴은 앞으로 편다.

셋째, 오른손은 가슴에, 왼손은 배에 올린다.

넷째, 눈을 뜨는 경우 자신의 코끝을 보고, 감는 경우 편안한 느낌으로 자연스럽게 감는다. 다섯째, 숨을 들이마실 때 "후우웁~"하는 입 모양으로 "시이이이~"소리를 내면서 최대한으로 많이 마신다. 배는 복어처럼 불룩해진 듯 한 느낌이 들어야 한다. 들숨일 경우 배 위에 올린 왼손이 위로 올라와야 하고 날숨일 경우 왼손이 밑으로 내려가야 한다. 단, 오른손은 움직이지 않아야 한다(흉식호흡이 아니므로!).

여섯째, 잠시 숨을 멈춘 후 배가 나왔는지 체크한다. 단, 자세가 흐트러지지 않도록 유의하여야 하며 느낌으로 배가 불룩 나와 있는 모습을 상상해 보면 된다.

일곱째, 숨을 내쉴 때 "시이이입~"하는 입 모양으로 "쉬이이이~" 소리를 내면서 내쉰다. 이때 입은 살짝 벌린 후 아주 천천히 내쉬어야 하며 아낌없이 모두 내뱉어야 한다. 숨을 내쉴 때 코로 숨을 들이마셨을 경우 코로 내쉬어야 한다. 이때 배까지 들어갔던 공기가 허리 가운데(허리에 해당하는 등뼈)로 빠져 나온다는 그림을 연상하면서 숨을 가장 천천히 내뱉는다. 숨을 내쉴 때는 배가 등에 붙는 느낌을 가져야 한다. 들이마실 때와 내뱉을 때 코와 입으로 하는 방법이 있는데 자신에게 맞는 방법을 선택하면 된다. 초보자인 경우 입으로 하는 것이 쉽다.

이와 같은 방법으로 들숨을 5까지 세면서 들이쉰 다음, 날숨을 5까지 세면서 모두 내쉬면서 10회에서 15회 반복해 본다.

※ 풍선 불기를 이용하여 연습을 해도 좋다.

> ⊙ 복식호흡 : 깊이가 있는 목소리, 큰 목소리, 무거운 목소리
> ☞ 할아버지, 할머니, 아빠, 거인, 고목나무, 큰바위, 산신령 등
> ⊙ 흉식호흡 : 가벼운 목소리, 깊이가 낮은 목소리, 작은 목소리
> ☞ 엄마, 여자 아이, 꽃, 아기, 요정 등

1) 복식호흡을 이용한 발성연습

들숨을 깊게 들이마신 후 날숨으로 숨을 뱉을 때 배 밑에서부터 발성한다.

이 때 들숨을 마실 때에는 몸이 곧 터질 만큼 충분히 마시고, 잠시 멈춘 다음 날숨을 내 쉴 때에는 쥐어짜듯이 몸에 있는 모든 공기는 다 뱉어낸다는 생각으로 발성연습을 하는 것이 좋다.

2) 호흡량 조절 연습

호흡량을 늘이기 위해서는 긴 문장을 하나 선정해서 숨을 쉬지 말고 읽는 연습을 해 본다. 이 때 띄어 읽기와 감정 부분을 무시하고 무조건 길게 읽는 연습을 하는 것이 효율적이다.

예를 들어, 동화 한 편을 선정한 다음 숨을 쉬지 않고 얼마만큼 읽을 수 있는지 체크해 보면 호흡량이 늘어남을 알 수 있다. 또는 종이를 길게 잘라 입으로 멀리 불어보내기, 물속에서 호흡을 최대한 참아보기, 날숨으로 촛불 끄기 등으로 호흡량을 조절할 수 있다.

3) 호흡을 이용한 감정 표현 연습

☞ 호흡의 횟수에 의한 감정표현의 차이
① "야 놀랬잖아!"(호흡 없이 표현하기)
② "야 / 놀랬잖아!"(한 번 호흡하고 표현하기)
③ "야 // 놀랬잖아!"(두 번 호흡하고 표현하기)
   * 호흡의 횟수에 따라 낱말의 고저장단과 강약이 조절된다.

☞ 호흡을 이용한 감정표현(희로애락)
   상황에 따른 감정표현을 호흡을 조절하면서 효과적으로 살릴 수 있음.
   ⇨ 입과 코로 호흡을 보충하면서 자연스럽게 이어가도록 해야 함.

① 희 喜 : 남자아이 목소리 : 개미
   - "히히, 내 맘대로 노니까 정말 좋다!"(성현주 저, 〈우와조아〉)
② 노 怒 : 여자아이 목소리 : 생쥐
   - "흥, 내가 제일 싫어하는 별명을 불러놓고는 콩알을 달라고?"
   (성현주 개작, 〈멋쟁이 꿩의 실수〉)
③ 애 哀 : 할아버지 목소리 : 소나무
   - "난 괜찮소. 만약 내게 무슨 일이 일어나거든 저 어린 소나무에게 잘 자라라고 전해 주시오."(이원수 저, 〈검은 소나무〉)
④ 락 樂 : 할머니 목소리 : 사람
   - "첫사랑을 생각하면 아직도 가슴이 콩닥콩닥 뛰어요!"

제2절 발성과 발음

말소리를 내는데 관여하는 인체의 모든 기관을 음성기관 *organs of speech*이라고 한다. 몸의 단 한 곳의 긴장도 성대의 긴장과 연결되지 않는 곳은 없다. 몸의 자그마한 긴장도 100% 성대의 긴장과 직결된다. 온몸을 이완하면 성대 관련 근육도 이완한다. 따라서 몸에 힘을 빼면 뺄수록 좋은 소리가 난다.

목에 힘이 들어가면 성대가 마찰운동을 일으키기 힘들기 때문에 소리도 긴장하게된다. 신체 한 부분의 긴장과 이완을 직접 느껴보고 발성연습을 해 본다. 이완을 잘못 느낄 땐 긴장을 하게 한 후 힘을 빼보면 이완을 느낄 수 있다.

1) 발동부

소리를 내기 위해서는 공기가 필요하며, 공기를 불어 보내기 위해서는 처음 공기를 움직이게 하는 곳이 있어야 한다.

발동부는 폐, 후두, 후두구강으로 이루어지는데, 가장 중요한 부분은 폐에서 공기를 보내어서 내는 '부아소리 *pulmonic*'이다. 그밖에 후두에서 내는 소리를 '목소리 *glottalic*' 후두구강에서 보내는 소리를 '입안소리 *velaric*'라 한다.

2) 발성부

음성은 숨을 내쉴 때 폐에서 나오는 공기가 성대를 진동시켜서 발생한다.

성대는 후두喉頭의 한복판에서 약간 아래쪽으로 보이는 한 쌍의 주름을 일컫는다. 좌우 성대 사이를 성문열이라고 하며 성대와 성문열을 합쳐 성문 *glottis*이라고 하는데 이것이 발성장치다.

남성의 성대는 굵고 길며,(평균 2cm) 어르신과 여자의 성대는 가늘고 짧다.(어르신 0.9cm, 여성 1.5cm) 음성의 고저는 성대의 진동수에 의해 좌우된다. 굵고 긴 남성의 성대보다 가늘고 짧은 여자와 아이의 음성이 남자의 음성보다 높다. 또한 화를 낼 때는 강한 공기의 흐름이 지나가므로 큰 소리가 나고, 속삭일 때는 약한 공기가 지나가므로 작은 소리가 난다.

아름다운 소리를 내기 위해서는 발성법을 바르게 익혀야 한다.

특히 정확한 입 모양과 발음을 하지 않으면 아름다운 소리가 나지 않는다.

단, 발성 시 목에 무리한 힘을 주지 않는다는 생각으로 한다. 자세는 자연스럽게 등을 곧게 펴고 배에 힘을 주어 집어넣는 자세를 취하는 것이 좋다. 시선은 청자와 마주본다는 생각으로 바라보는 것이 좋다. 입은 충분히 벌리며 어깨와 목의 힘은 뺀다. 몸은 바르게 하며 팔은 없다고 생각으로 자연스럽게 내린다.

구연할 때 목소리 크기는 동화의 흐름에 따른 상황만 인식을 잘 하면 무의식적으로 신체가 인식하게 되므로 크게 의식할 필요는 없다. 동화에 몰입만 되면 자동적으로 목소리 크기가 설정 될 수밖에 없기 때문이다.

문제는 동화를 완전히 이해하지 못하고 목소리 흉내만 내려고 할 때 발성이 제대로 되지 않는다. 발성은 동화 내용을 잘 분석하여 상황에 대처하는 등장인물의 심리를 파악한다면 자연스럽게 설정된다.

스토리텔링 교사는 다양한 인물을 혼자서 구연해야 하므로 성대가 상하기 쉽다. 목소리를 보호하기 위해서 도라지 달인 물, 꿀물, 감초 한두 조각을 입에 물고 있는 등 다양한 방법을 사용하는 것이 좋다.

3) 발음부

인간은 여러 가지의 자음과 모음으로 소리를 분화하는데 이것을 조음 *articulation* 과정이라고 한다. 조음기관은 능동부와 수동부 두 가지로 구분한다.

> * **능동부** : 아랫입술, 혀끝, 앞혀(전설), 뒷혀(후설), 혀뿌리
> * **수동부** : , 윗입술, 윗니, 윗잇몸, 경구개, 연구개, 인두벽, 입천장

조음은 능동적 조음부가 고정된 조음점에 작용하여 원하는 소리를 만드는 것이다. 즉, 발생기관에서 생긴 성음이 입의 여러 기관의 작용에 의해 어음語音으로 형성되는 것을 발음이라고 한다.

발음교정은 나무젓가락이나 볼펜 등을 입에 물고 문장 등을 정확하게 읽는다. 하루에 15분 정도만 연습한다면 지나친 사투리 억양을 교정할 수 있다 (사투리뿐만 아니라 혀가 짧거나 발음이 부정확한 사람도 이 방법으로 교정이 가능하다).

발성연습은 모음인 〈ㅏ, ㅔ, ㅣ, ㅗ, ㅜ〉를 기본으로 한 자음대입 방법으로 발성표를 보고 연습을 하는 것이 좋다. 특히 입 모양에 주의를 하며 입을 최대한 크고 정확하게 벌린다. 발성연습 전에는 표정 연습에서의 얼굴 근육 이완운동을 충분히 하고 시작한다.

예시 1

→													
↓가	나	다	라	마	바	사	아	자	차	카	타	파	하
게	네	데	레	메	베	세	에	제	체	케	테	페	헤
기	니	디	리	미	비	시	이	지	치	키	티	피	히
고	노	도	로	모	보	소	오	조	초	코	토	포	호
구	누	두	루	무	부	수	우	주	추	쿠	투	푸	후

예시 2

1. 간장공장 공장장은 강공장장이고, 된장공장 공장장은 장공장장이다.
2. 저기 있는 저분은 박 법학박사고, 여기 있는 이분은 백 법학박사다.
3. 저기 가는 저 상장사가 새 상장사냐 헌 상장사냐.
4. 중앙청창살은 쌍창살이고 시청창살은 외창살이다.
5. 한양양장점 옆 한영양장점, 한영양장점 옆 한양양장점.
6. 저기 있는 말말뚝이 말 맬만한 말말뚝이냐 말 못 맬 만한 말말뚝이냐
7. 옆집 팥죽은 붉은팥 팥죽이고, 뒷집 콩죽은 검은콩 콩죽이다.
8. 저기 저 그림은 뭉게구름 그린 그림이고 저기 저 구름은 양떼구름 그린 그림이다.

  ※ 발음연습 관련 자료가 많이 있지만 짧은 내용의 동화책으로 연습하는 것이 제일 바람직하다.

4) 목소리 관리

스토리텔링 교사가 되기 위한 초보자들은 '교사는 목소리가 맑고 고와야 한다'고 생각한다. 그렇다면 그렇지 못한 목소리를 가진 사람들은 교사가 될 수 없을까?

오히려 목소리 톤이 낮은 사람이 더 안정적이고 오래 들어도 지겹지 않은 장점이 있다. 구연이라고 하면 무조건 예쁘고 낭랑한 목소리로 해야 한다는 선입견에서 벗어나야 한다. 사람마다 개성 있는 목소리를 가지고 있으므로 자신만의 목소리의 장점을 살리도록 해야 한다. 누구를 흉내 내려고 한다거나 억지 춘향 격으로 모방하고자 하면 그야말로 어울리지 않는 옷차림새를 하고 있는 모양과 같다.

그러므로 각자 목소리의 개성을 인식하는 것이 가장 바람직하다.

(1) 음역

자신의 음역音域이 어느 영역에 속하는지 확인한다.

굵은 저음인가, 가는 고음인가, 중간 음역인가, 쉰 소리인가, 딱딱한 소리인가 등을 인지한다.

사람은 저마다 자신에게 맞는 음높이가 있는데, 이를 최적음도라 하며, 최적음도는 생리적인 발성에서 찾을 수 있다. 생리적인 발성은 몸에서 시키는 소리로 재채기 소리나, 기침소리, 또는 '으흠' 하는 소리 등을 상대방에게 시켜 본다거나, 이름이나 주소 등을 물어 보는데 이런 질문은 긴장하지 않고 무의식중에 대답함으로써 본인의 최적음도를 알 수 있다.

(2) 음량 音量

자신의 음량이 어느 정도인지 확인한다.

보통 사람들의 목소리 크기를 100% 기준으로 4단계로 구분했을 때 자신의 목소리 크기를 체크한다.

음량은 상대방에게 들릴 수 있는 목소리의 크기 기준이며 보통 4단계로 구분한다. 개인별 목소리 크기가 다르기 때문에 상대방에게 잘 들릴 수 있는 목소리 크기를 기준으로 설정한 기준이다.

단계

> 가. 1단계 : 가장 작은 목소리(25%)
>
> ☞ 혼잣말, 들릴 듯 말듯 한 불평, 속삭임 등의 목소리 크기
>
> - "엄마는 내 맘도 모르면서……."
>
> 나. 2단계 : 평상시 목소리(50%)
>
> ☞ 일상적인 생활에서 사용하는 목소리
>
> - "현영아, 이것 좀 봐."
>
> 다. 3단계 : 평상시 목소리보다 한 단계 큰 목소리
>
> ☞ 놀람, 기쁨, 화남 등의 목소리
>
> - "뭐라구요? 아이가 다쳤다구요?"
>
> 라. 4단계 : 가장 큰 목소리(100%)
>
> ☞ 고함, 비명, 응원, 외침, 환호성, 통곡에 해당하는 목소리 크기
>
> - "오빠! 오빠! 소지섭 오빠~~ 꺄아악~~"

위의 자료를 감안해 볼 때 자신의 평소 목소리 크기가 75에 해당한다면 큰 음량이고 25에 해당한다면 작은 음량에 속한다. 혼자서 생활한다면 목소리 크기가 어떻든 간에 상관이 없겠지만 다른 사람들을 가르치는 입장에서는 목소리 크기를 조절할 수 있어야 한다.

(3) 녹음

은연중에 자신의 목소리를 핸드폰에 녹음하여 들어 보면 다른 사람의 목소리처럼 들린다. 말의 고저장단, 음역, 음량 등이 낯설게 느껴진다. 하지만 녹음된 목소리는 자신의 목소리이므로 녹음된 목소리를 분석해 보는 것이 좋다.

자신만의 강세, 오버 연기, 연음 처리, 말버릇을 체크하는데 가장 좋은 방법이다.

(4) 속도

보통 아나운서의 말하는 속도는 1분 동안 200자 원고용지 2매 정도에 해당한다.(400자 내외) 하지만 교사는 이야기 흐름이 있는 동화를 희로애락의 효과를 넣어서 구연해야 하므로 약간의 시간적 여유가 필요하다.

아나운서 기준으로는 3분에 1200자 내외이나 교사는 3분 원고 기준으로 했을 때 1000자 내외가 적당하다. 물론 사람마다 약간의 차이가 있음은 감안해야 한다.

구연은 말의 속도, 어조, 성량에 따라 전달하고자 하는 의미가 달라진다.

어조는 말의 높고 낮음의 가락(상승어조–놀람, 호기심, 기쁨, 질문 등, 하강어조–슬픔, 절망, 후회, 의심 등)이며, 성량은 목소리의 크기(개인과 집단, 장소의 크기 등 고려)이므로 효율적으로 조절하는 것이 좋다.

말의 속도를 늦출 경우는 내용 강조, 분위기 조성, 어려운 내용을 설명할 때이며, 속도를 빨리 할 경우는 이야기의 위기와 절정, 급한 경우 등을 전달할 때다.

말의 속도, 어조, 성량 조절의 필요성은 말하는 내용을 효과적으로 전달하기 위해서다.

Chapter **7**
스토리텔링을
위한 구연기법

Chapter 07 스토리텔링을 위한 구연기법

제1절 구연의 필요성

스토리텔링은 동화내용 전달과 동시에 감성표현을 곁들이기 때문에 어르신이 혼자서 읽었을 때의 이해도가 60%라면 구연자가 들려주었을 때 이해도는 90%가 된다. 구연을 통한 감성표현이 내용의 이해에 큰 영향을 준다는 의미다.

그런데 일반인들은 스토리텔링 시 등장인물의 목소리를 입체적 음성으로 표현하는 구연을 어렵게 생각한다. 특히 동화에는 등장인물이 사람뿐만 아니라, 동물, 식물, 무생물 등 다양하게 등장하므로 더 어렵게 생각한다. 그러나 다행스럽게도 동화 속 동물, 식물들은 모두 의인화되어 있으므로 사람을 중심으로 목소리를 설정하면 된다.

목소리는 남녀노소를 기준으로 하여 할아버지, 할머니, 아빠, 엄마, 남자 아이, 여자 아이, 아기 목소리로 구분한다.

단, 등장인물별 목소리는 정형화되어 있는 것은 아니다.

등장인물의 성별 · 역할 · 성격에 따라 구연자가 설정하는 것이다. 이는 동화마다 등장인물의 캐릭터가 다르기 때문이다. 그러므로 구연자는 동화 내용을 가장 잘 전달하기 위해서 구연하는 것임을 염두에 두어야 한다. 결코 자신의 목소리를 자랑하기 위함이 아님을 알아야 한다.

그러므로 가장 잘 하는 구연은 등장인물의 성격을 목소리로 잘 표현하는 것이다. 예를 들어, 남의 일이라면 간섭하기 좋아하는데, 남에게 폐를 끼치지 않는 범위 내에서 수다스럽지만 착한 아줌마 캐릭터의 경우, 말의 속도가 빠르고, 살짝 방정맞게, 수다스럽게 하되 착한 아줌마임을 감안하여 표현한다.

목소리 설정은 기본목소리 설정만 익힌 다음 구연자가 동화 내용을 잘 분석한 다음 캐릭터에 맞는 목소리를 설정하는 것이 가장 바람직한 구연이다.

스토리텔링 시 등장인물의 목소리 설정이 한결 같이 정형화되어 있음을 지적하지 않을 수 없는데, 이는 스토리텔링 교사가 캐릭터를 분석하여 구연을 가르쳐 주는 것이 아니라 모방 만을 가르치는 데서 비롯된다.

즉, 고기 잡는 방법을 가르쳐 주고 지도하는 것이 아니라 아예 고기반찬을 만들어서 입에 넣어 주는 형식의 수업이 되기 때문이다. 또한 속성으로 스토리텔링을 가르치는 과정, 짧은 수업시간에 많은 인원을 배출해야 하는 현실에서 빚어진 결과로 볼 수 있다.

가장 훌륭한 스토리텔링 지도 방법은 자연스럽게 구연자의 음색에 맞춰 등장인물의 목소리를 설정하는 방법을 구연자 스스로 찾아내는 것이다. 그러자면 동화에 대한 정확한 분석이 필수적이고(캐릭터 분석) 동화내용을 구연자의 몸으로 완전 소화시키는 구연자의 노력이 필요하다.

제2절 등장인물의 목소리 설정

구연 시에는 호흡 방법, 목, 입과 혀, 모양에 의해 목소리를 구연하게 된다. 등장인물의 모든 목소리를 구연하는 것은 불가능하므로 사람을 기준으로 목소리를 설정하는 것이 일반적이다.

먼저, 사람의 목소리를 설정한 뒤 동물, 식물, 무생물에 대입시켜 구연한다. 하지만 기본인물의 유형별 목소리 설정을 익힌 뒤 다시 동화 내용의 캐릭터에 맞도록 구연자가 조절해야 한다.

예를 들어, 할아버지의 기본 목소리 구연을 익힌 뒤, 할아버지의 나이, 성격, 사는 곳, 배움 정도를 기준으로 분석하고 캐릭터를 설정하여 다시 목소리를 조정한다. 인자하고 자상한 할아버지형, 욕심 많고 괴팍한 할아버지형, 씩씩하고 젊은 할아버지형, 아주 나이가 든 꼬부랑 할아버지형 등으로 다시 구분하여 설정한다.

구연 시 가장 중요한 사실은 구연자가 책을 읽는 것이 아니라 이야기를 들려준다고 생각하는 것이다. 즉, 구연은 읽는 행위가 아니라 말하는 행위가 되어야 한다.

보통 구연자는 원고를 보면서 연습을 하게 되는데 이때 대부분 읽기가 행해진다. 하지만 구연자는 눈으로 원고를 읽지만 '말하기'(들려주기)를 한다고 인식하는 것이 아주 중요하다.

예시

□ 기본인물 유형
- 사람－할아버지, 할머니, 아빠, 엄마, 아기 등
- 동물－호랑이, 사슴, 곰, 토끼, 다람쥐 등
- 식물－고목나무, 할미꽃, 해바라기, 장미, 채송화 등
- 무생물－큰 바위, 벽, 돌멩이, 책상, 연필 등

1) 할아버지 목소리

할아버지의 기본 목소리는 복식호흡으로 처리하므로 배에 힘이 들어가는 자세를 취해야 한다. 배 밑에서 올라와 코로 공명된 소리로서 배에 힘을 주고 "흥"에 위로 밀어 주면 더 쉽다. 할아버지 목소리 외에 큰 무리의 동물들이 주로 속하며 대화체마다 배여 있는 감성표현도 같이 해야 만이 구연연습이 된다.

꼬부랑 할아버지 경우에는 턱과 목을 밑으로 살짝 누른다는 생각으로 자세를 취한다. 쉰 듯한 목소리(에~~)를 기본으로 연습한 뒤 대사를 대입시켜 구연해 보는 것

이 효율적이다. 이때 목소리가 울리면서 살짝 떨린다는 느낌으로 구연을 해 보는 것이 좋다. 물론 머리를 끄덕이거나 손을 살짝 흔들거나(수전증처럼!) 하는 몸짓과 얼굴 표정도 함께 하면 더 효율적이다.

(1) 예시 인물

예시

- 사람－할아버지
- 동물－호랑이, 곰
- 식물－고목나무, 느티나무
- 무생물－산, 큰 바위

(2) 상황별 할아버지 감성표현

예시

- 희喜－할멈! 아이들이 왔어! 어여 나와 봐! 어여!
  (대문 앞에 서서 자식을 기다리는 할아버지가 저 멀리 자식의 자동차를 발견하고는 기뻐서 할머니를 부르는 모습)
- 노怒－늙었다고 무시하는 게야!
  (젊은 사람이 할아버지를 함부로 대할 때 할아버지 모습)
- 애哀－어제 김영감이 저 세상으로 갔다는구면.
  (동네친구의 죽음 소식을 듣고 죽음이 남의 일이 아님을 실감하는 할아버지 모습)
- 락樂－허허, 아직도 사랑을 생각하면 가슴이 쿵닥쿵닥 뛰어요.
  (첫사랑을 생각하며 소년 같은 해맑은 마음으로 이야기하는 할아버지 모습)

2) 할머니 목소리

할머니 목소리는 복식호흡이 중심이 된다.

단, 배 밑에서 올라와 가슴부터 즈음하여 목을 떨고 코로 내는 공명된 소리이며 할머니 목소리 외에 순한 동물의 목소리가 이에 속한다.

턱과 목을 밑으로 살짝 누른다는 생각으로 자세를 취한 뒤, 대사를 대입시켜 구연해 본다. 이때 꼬부랑 할머니 목소리 경우 앓는 듯 한 느낌(염소 목소리)으로 목을 살짝 흔들면서 구연해 보는 것이 좋다.

물론 대화체마다 배여 있는 감성표현도 같이 해야 만이 상황에 맞는 할머니 목소리가 된다. 실제 동화에 등장하는 할머니 유형은 다양한 캐릭터로 설정되므로 다시 조절하여야만 한다. 꼬부랑 할머니, 엄마 같은 할머니, 씩씩한 할머니, 멋쟁이 할머니 등이 있다.

(1) 예시 인물

> 예시
>
> - 사람－할머니
> - 동물－염소
> - 식물－할미꽃
> - 무생물－항아리

(2) 상황별 할머니 감성표현

> 예시
>
> - 희 喜 － 아이구! 맛난 떡을 사왔구나!
>   (떡을 좋아하는 할머니 모습)
> - 노 怒 － 에잉~ 어린 녀석이 못 하는 말이 없어!
>   (버르장머리 없는 아이가 할머니를 놀릴 때 할머니의 화난 반응)

> • 애 哀 — 에고, 저 할망구 불쌍해서 어떡하누~
>
>   (친한 친구의 죽음을 알게 되었을 때 할머니의 느낌)
>
> • 락 樂 — 아유, 우리 손주 착하기도 하지.
>
>   (눈에 넣어도 아프지 않을 손주를 사랑스런 눈빛으로 바라보는 할머니 눈빛)

3) 아빠 목소리

아빠 목소리는 복식호흡으로 처리하므로 배에 힘이 들어가는 자세다.

목소리가 배에서부터 올라오므로 울려 나오는 목소리다. 가슴을 활짝 펴고 씩씩하고 힘찬 목소리를 낸다는 생각으로 자세를 취한 뒤, 대사를 대입시켜 구연해 본다. 배 전체가 힘차게 움직이며, 가슴, 목, 코가 소리통이 되며 아빠 목소리 이외에 개과에 속하는 동물들이 여기에 속한다.

아빠 목소리는 힘이 있고 당당하게 울려 나오는 목소리로 구연을 해 보는 것이 효율적이다. 물론 상황에 맞게 아빠 캐릭터별로 다시 조절하여야 하며, 대화체마다 배여 있는 감성표현도 같이 해야 적절한 구연이 된다.

(1) 예시 인물

 예시

> • 사람 — 아빠
> • 동물 — 큰 개, 늑대, 독수리
> • 식물 — 소나무
> • 무생물 — 벽, 건물

(2) 상황별 아빠 감성표현

> • 희 喜 – 여보! 여보! 로또, 로또에 당첨되었어!
>
>   (거금을 얻게 되어 환희에 찬 남편 모습)
>
> • 노 怒 – 도대체 일 처리를 어떻게 하는 거야!
>
>   (직장 상사가 부하를 혼내는 모습)
>
> • 애 哀 – 여보~ 나를 두고 당신이 먼저 가다니.
>
>   (아내의 죽음 앞에서 흐느끼는 남편 모습)
>
> • 락 樂 – 어이, 박대리! 오늘 퇴근하고 술 한 잔 어때?
>
>   (술 좋아하는 남자 직원이 직장동료에게 말 건네는 모습)

4) 엄마 목소리

엄마 목소리는 흉식호흡으로 처리하는 것이 대체적이다.

목소리가 가슴에서 올라오므로 얕은 목소리이나 안정적이다. 자상하고 상냥한 어머니 이미지를 떠올리면서 가슴을 펴고 대사를 대입시켜 구연해 보면 일반적인 엄마 캐릭터에 맞는 목소리다.

하지만 실제 동화에 등장하는 엄마 유형은 다양한 캐릭터로 설정되어 있으므로 다시 조절하여야만 한다.

(1) 예시 인물

> • 사람 – 엄마
>
> • 동물 – 암탉, 사슴
>
> • 식물 – 호박꽃, 접시꽃, 기타 편안하게 생긴 꽃
>
> • 무생물 – 식탁 등

(2) 상황별 엄마 감성표현

 예시

> • 희 喜 − 뭐라고? 합격이라구? 하나님! 감사합니다! 정말 감사합니다!
>
>   (딸의 전화를 받으며 좋아하는 엄마 모습)
>
> • 노 怒 − 엄마가 거짓말은 하지 말랬지! 피노키오가 되고 싶어?
>
>   (거짓말을 자꾸 하는 아이에게 화가 난 엄마 모습)
>
> • 애 哀 − 선생님, 제발 우리 아이를 살려주세요.~
>
>   (의식이 없는 아이를 앞에 놓고 의사에게 매달리는 엄마 모습)
>
> • 락 樂 − 현영아, 엄마는 널 보기만 해도 행복해.
>
>   우리 딸 어쩜 이렇게 예쁠까~ 사랑해.
>
>   (사랑스런 눈빛으로 아이를 바라보며 가슴 저리게 말하는 엄마 모습)

5) 아이 목소리

아이의 목소리는 흉식호흡으로 처리하는 것이 대체적이다.

목소리가 가슴, 혹은 머리를 울려서 나오는 얕은 목소리다. 남자 아이 혹은 여자 아이별로 이미지를 연상하고 대사를 대입시켜 구연해 본다.

남자 아이 목소리의 경우, 입을 옆으로 당기는 듯 한 느낌으로 목을 살짝 눌러 주면서 장난끼 있는 남자아이를 생각하면서 대사 연습을 해 본다. 여자 아이는 또박또박 입을 벌리면서 예쁜 목소리를 낸다는 생각으로 연습을 한다. 물론 상황별 대화체마다 배여 있는 감성표현도 같이 해야 만이 적절한 구연 연습이 된다. 실제 동화에 등장하는 남자 아이, 여자 아이 유형은 다양한 캐릭터로 설정되므로 다시 조절하여야 한다.

(1) 예시 인물

예시

- 사람－남자 아이, 여자 아이
- 동물－다람쥐, 생쥐, 토끼 등
- 식물－나팔꽃, 나리꽃, 튤립 등
- 무생물－자갈, 책상 등

(2) 상황별 아이 감성표현

예시

- 희 喜－엄마! 엄마! 백점 맞았어~
  (대문에서부터 소리 지르며 들어오는 아이 모습)
- 노 怒－씨, 나 때렸어. 너, 두고 봐! 가만 안 둘 거야.
  (씩씩거리며 화를 누르는 모습)
- 애 哀－엄마, 어서 일어나. 어서 눈 떠 봐. 흐흐윽~
  (병석에 누워 있는 엄마 옆에서 눈물 흘리는 아이 모습)
- 락 樂－히히, 엄마 몰래 게임 해야지!
  (혼자 즐거워하며 몰래 컴퓨터를 켜는 아이 모습)

제3절 구연 포인트

1) 감을 잡아라

구연자는 동화 내용을 잘 알고 있어야 자신감 있게 구연할 수 있다.

먼저 동화를 읽고 내용을 분석해야만 전체적인 느낌을 세세하게 알기 때문에 재

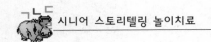

미있게, 자신감 있게 들려줄 수 있다.

첫째, 동화의 전체적인 분위기를 파악한다.

재미있는 이야기인가, 슬프고 감동적인 이야기인가, 경쾌하고 밝은 이야기인가 등 전체적인 이미지를 이해하면 이야기의 흐름을 자연스럽게 이어갈 수 있다.

둘째, 등장인물의 역할 및 캐릭터를 잘 분석해야 한다.

사람마다 상황에 대응하는 방식이 모두 다른 것은 저마다 가지고 있는 고유의 성격, 버릇, 말의 속도, 습관 등이 다르기 때문이다. 구연을 잘 하기 위한 필수조건은 등장인물의 캐릭터를 분석하는 일이다.

2) 주변인물을 활용하라

등장인물의 목소리 설정 시 구연자는 주변인물을 떠올려 대입시켜 본다.

우리 주변에는 각양각색의 음색과 말투를 가지고 있는 사람들이 많다. 동화 속 캐릭터와 비슷한 사람을 주변인물에서 찾아 그 사람의 음색과 말투를 접목하면 살아있는 구연을 할 수 있다.

예를 들어, 수다쟁이 아줌마라면 텔레비전에 나오는 ○○○를 떠올려 보고, 왕비 스타일의 음색과 말투라면 광고에 나오는 ○○○를 접목한다. 구연은 구연을 가르치는 사람의 흉내를 내겠다는 생각을 하면 안 된다. 동화는 우리 삶을 재현해서 보여주는 것이기 때문에 바로 우리의 이야기다.

구연은 주변인물에서 찾아서 접목하는 것이 가장 바람직한 구연 태도다. 더불어 구연 연습 시 얼굴 표정과 몸짓을 곁들여 하면 훨씬 도움이 된다. 성우들이 녹음할 때 돌부처처럼 가만히 서서 하지 않음과 같은 이치다. 감성은 머리에서 나오는 것이 아니라 가슴에서 우러나오는 것이므로 자연스러운 얼굴 표정과 몸짓이 있어야만 제대로 표현할 수 있다.

3) 억지구연을 하지 마라

의도적으로 구연하겠다는 생각에 사로잡히게 되면 부자연스러운 행위가 될 수 있다. 간혹 구연하는 목소리를 들어 보면 등장인물의 캐릭터와는 상관없이 목소리를 너무 예쁘게 꾸며서 듣는 사람들에게 반감을 주는 경우가 있다.

구연은 예쁜 목소리를 들려주는 행위가 아니다. 다시 한 번 말하지만 동화 내용을 잘 전달하기 위해서 구연하는 것이다. 이 말은 백번 강조해도 모자라지 않는 말이다. 등장인물의 캐릭터(성격, 및 역할)를 잘 분석하면 목소리 구분이 70%는 된다. 즉, 동화 내용을 완전히 이해하게 되면 자연스럽게 음색(구연)이 설정되기 때문이다.

4) 노동으로 생각하지 마라

스토리텔링 교사들은 대체로 처음에는 수업을 진행하는 전문교사로서 보람과 자긍심을 가지고 수업에 임하다가 몇 년이 지나면 보람과 성취감보다는 돈을 버는 직업으로만 생각하여 수업 자체를 노동으로 생각하는 경우가 있다.

물론 교사도 직업인이지만 교사의 역할이기 때문에 다른 직업과 달리 사명감을 가져야 한다. 스토리텔링 수업은 가장 짧은 시간에 사랑을 전달할 수 있으며, 의사소통할 수 있으며, 삶의 방향을 제시해 줄 수 있다.

스토리텔링 수업은 한 편의 영화를 보면서 그 속에 빠져드는 것처럼, 동화 속 희로애락을 구연자의 목소리를 통해 전달하는 감동과 재미를 전하는 행복한 행위다. 그러므로 교사가 들려주는 한 편의 동화가 어르신의 삶의 방향을 바꿀 수도 있다는 생각을 늘 인지하고 있어야 한다. 다른 직업과 구분되는 점이 바로 이러한 사명감이 내재되어 있기 때문이다. 아울러 어르신을 지도하고 있는 자신의 마음가짐을 늘 체크하는 것이 중요하다.

5) 청자의 속도에 맞춰라

스토리텔링은 CD처럼 다시 돌려 들을 수 없다.

일회성이기 때문에 구연자는 어르신의 속도에 맞춰 구연하여야 한다. 구연자의 기분에 취해서 속도조절이 안 되면 어르신은 동화 내용을 이해하기 어렵다. 구연자는 청자가 어르신고, 구연하는 목적이 동화 내용을 잘 전달하기 위한 것이라는 사실

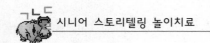

을 잊지 말아야 한다. 또한 이해가 빠른 어르신과 늦은 어르신이 있으므로 어르신의 표정을 살피면서 속도 조절을 하는 것이 좋다.

6) 바탕글을 살펴라

문장은 바탕글과 대화체로 구분된다.

대화체는 물론 바탕글에도 당연히 희로애락의 감성표현을 해야 한다. 바탕글의 감성표현은 이야기 흐름을 하나로 이어지게 만든다. 바탕글은 대화체의 감성을 받쳐 주는 역할을 하기 때문에 바탕글의 감성 표현도 대화체 못지않게 중요하다.

바탕글을 구연할 때는 상황을 생각하며 음색을 조절한다.

강조해야 할 낱말은 낮은음으로 강조하는 것이 전달력이 높다. 또한 원근에 따라 목소리를 조절하여야 하며, 각 문장마다 첫 음의 시작은 낮게 시작하는 것이 안정적이다.

어미 처리는 길게 빼거나, 늘어지거나, 툭 떨어뜨리거나, 흐리지 않게 하는 것이 좋다. 또한 동화의 마무리는 교육적인 사항을 곁들이지 않는 것이 좋다. 동화를 통해서 직접 교육시키겠다는 생각을 버려야 한다.

동화는 문학 장르이므로 상상에 의한 여운을 살려 주어야 한다.

교사가 동화 내용을 교육적으로 확인하고자 하는 피드백은 어르신에게 문학에 대한 흥미성을 떨어뜨리고 동화 듣기에 부담감을 주므로 피하는 것이 좋다.

정리

1. 동화의 이미지 파악

동화의 전체적 느낌에 따라 목소리 설정이 달라지므로 동화의 이미지를 파악한다. 예를 들어, 귀엽고 깜찍한 분위기, 감동스럽고 잔잔하면서 깊이 있는 분위기, 밝고 상쾌한 분위기, 익살스럽고 풍자적 분위기인가를 파악한다. 그러면 구연자가 구연의 느낌을 인식하고 목소리의 분위기도 자연스럽게 설정할 수 있다.

102

2. 정확한 캐릭터 분석

등장인물의 성별과 나이를 정하고, 성격에 따라 목소리를 설정한다. 동화 흐름에 따른 캐릭터 분석은 구연의 스타일을 정하는데 꼭 필요한 요소다.

3. 상황별 감성 표현

바탕글과 대화체에 희로애락을 표현한다.

대체로 구연자들은 대화체에만 감성표현을 주력한다. 하지만 바탕글의 감성표현은 이야기의 흐름을 잘 이어줄 뿐 아니라 그 다음에 이어지는 대화체를 상승시키는 효과가 있으므로 바탕글의 감성표현도 아주 중요하다.

4. 음색 조절

음색은 같은 높이의 음을 같은 크기로 표현해도 발음체의 차이나 진동방법에 따라 음이 지니는 감각적인 성질에 차이가 생긴다. 즉, 두 사람이 똑같은 음의 높이를 표현한다고 해도 그 사람의 음색 때문에 달리 들린다.

그러므로 각 문장의 상황(슬픔, 기쁨, 놀람, 놀림, 우울, 짜증)을 정확하게 파악하여 구연하면 가장 효율적이고 바람직한 음색이 된다.

5. 목소리 크기 조절

구연 시 등장인물의 목소리 크기는 상황에 따라 조절해야 한다.

특히 내용 중에서 화자와 청자 사이의 원근遠近에 따라 목소리의 크기를 조절할 수 있어야 한다. 목소리 크기의 조절은 상황을 이해하는데 도움을 준다.

예) "할머니, 어디 계세요~ 할머니~"

⇒ 이 상황은 아이가 할머니를 찾아다니는 경우이므로 처음의 '할머니' 보다 다음의 '할머니'를 더 큰 목소리로 불러야 한다.

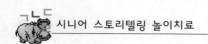

6. 각 문장의 첫 음은 낮게 시작한다.

구연용 원고는 바탕글과 대화체로 구분한다.

바탕글이든 대화체이든 처음 시작하는 첫 글자는 '도'에서 시작하는 것이 안정된 느낌이 든다. 첫 글자를 '미'에서 시작하면 전체적으로 붕 뜨는 목소리가 설정되어 듣기가 불편해진다.

7. 문장과 문장 사이는 한 박자 쉰다.

한 문장이 끝나고 다음 문장이 이어질 때는 반드시 한 박자를 쉬고 구연하여야 한다. 청자가 앞 문장을 이해할 수 있는 시간을 주어야 하기 때문이다. 문장과 문장 사이에 띄어 읽기가 이루어지지 않는다면 청자의 이해도가 떨어져서 집중력이 낮아진다.

8. 강조하기

수사법에서 주로 반복법, 점층법, 연쇄법, 과장법, 영탄법, 대조법이 사용된 경우 그 낱말을 강조하여 악센트를 준다. 단, 낮은 음으로 강조하는 것이 훨씬 효과적이다. 높은 음으로 강조하게 되면 갑자기 툭 올라가는 느낌이 들어서 듣기가 거북하다.

예문) 반복법 : 여기서도 반짝! 저기서도 반짝!

점층법 : 개미, 장수풍뎅이, 개구리, 악어까지!(점점 강조하기)

연쇄법 : 원숭이 엉덩이는 빨개, 빨가면 사과, 사과는 맛있어, 맛있으면 바나나~

과장법 : 방귀소리가 천둥소리 같았어요.

영탄법 : 우와, 정말 크다!

대조법 : 양 꼬리는 짧고, 코끼리 꼬리는 길어요.

9. 어미 처리

예) 토끼는 두 귀를 쫑긋 세우고 주변을 돌아보았지요.

⇒ '토끼는' 첫 말은 높은 음(미에 해당하는 목소리)이 아니라 낮은 음(도에 해당하는 목소리)으로 시작한다.

⇒ 문장 어미인 '돌아보았지요.'에서 '~지요'는 '요'자를 풀어놓은 끈을 살짝 감는다는 생각으로 구연한다.

☞ 어미처리는 늘어지거나, 툭 떨어뜨리거나, 흐리지 않게 한다.

10. 마지막 문장은 여운을 살린다.

마지막 결말의 상황에 따라 이야기의 뒷맛을 살린다는 생각으로 분명하게 또박또박 마무리하는 것이 좋다.

☞ 잘못된 마무리 : "여러분들도 심청이처럼 효녀가 되세요!"

⇒ 구연자가 원고와는 상관없이 끝부분에 위와 같은 교육적인 말을 첨가 하지 않아야 한다. 어르신마다 느끼고 있는 동화에 대한 여운을 깨뜨릴 수 있다.

7) 구연의 핫 포인트!!

 예시

• 등장인물의 성대모사가 입체적인가? (캐릭터 설정)

• 적절한 음성 및 호흡처리가 잘 되어 있는가? (목소리의 강약, 띄어 읽기 속도)

• 정확한 발음으로 구연했는가?

• 안정감 있게 자연스럽게 구연하였는가?

• 청자와 구연자와의 공감대 형성이 잘 되었는가?

• 구연자가 가지고 있는 특이한 어조는 없는가?

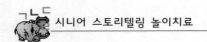

시니어 스토리텔링 놀이치료

구연 연습 시에는 짧은 동화 원고로 연습해보는 것이 좋다. 다음 자료는 발성, 발음, 호흡, 속도, 감성을 모두 포함하여 구연 연습을 할 수 있는 짧은 동화 원고다.

구연 ✎

◆ 연습 자료 1(캐릭터 중심)

제목 : 날지 못하는 새

　암탉이 엉덩이를 흔들며 종종종 걸어왔어요.

　"우리 병아리들이 춥겠어. 어서 보듬어주어야지."

　펭귄은 뒤뚱뒤뚱 거리다가 물속으로 풍덩 들어갔지요.

　"나는야 북극신사! 멋지게 수영을 해야지!"

　타조는 후다닥! 후다닥! 이리저리 뛰어다녔어요.

　"흥! 나는 달리기 선수야. 바람처럼 잘 달리는 거 알지?"

　그렇구나!

　그렇구나!

　날지 못하는 새도 있구나.

☞ 캐릭터 분석

　암탉 : 약간 호들갑스럽지만 자상한 엄마

　펭귄 : 씩씩하면서도 기름기 있는 목소리로 자랑하는 남자

　타조 : 입을 삐죽거리며 잘난 척 하는 남자 혹은 여자

구연

◆ 연습 자료 2(음량 중심)

제목 : 누가 호랑이를 깨웠어?

배부른 호랑이가 낮잠을 자고 있었어요.

"드르렁~ 푸우~ 크으~드르렁~"(75%)

코고는 소리가 얼마나 큰지 숲 속 동물들이 모두 도망가 버렸어요.

하지만 얼씨구도깨비는 신나게 노래를 부르고 있었지 뭐예요.

"금~ 나와라와라! 뚜우딱! 은~나와라와라! 뚝딱!"(75%)

그러자 호랑이가 벌떡 일어났어요.

"누구야? 시끄럽게 노래를 부르는 놈이!"(75%)

얼씨구도깨비는 깜짝 놀라 기어들어가는 목소리로 대답했어요.

"제가 그랬는데요, 죄송합니다."(25%)

하지만 호랑이는 계속 소리를 질렀어요.

"크아앙~ 어서 나오지 못해!"(100%)

얼씨구도깨비 목소리가 너무 작아서 들리지 않았거든요.

☞ 캐릭터 분석

호랑이 : 다혈질의 중년남자

얼씨구도깨비 : 분위기 파악은 못하지만 착하고 쾌활한 남자아이

구연 ✎

◆ 연습 자료 3(작고 귀여운 목소리 중심)

제목 : 씨앗 하나가

씨앗 하나가 툭! 바위 위에 떨어졌어요.

"아야, 여긴 너무 딱딱해."

씨앗 하나는 바람에 날아가더니 사뿐! 미끄럼틀 위로 떨어졌어요.

"와~ 매끈매끈하다! 히히, 슈웅~"

또 다른 씨앗은 보슬보슬한 흙 속으로 톡! 떨어졌지요.

"아, 폭신폭신하다~ 솔솔~ 잠이 와요."

하루, 이틀, 사흘!(강조의 크기가 3, 2, 1순으로)

따스한 봄이 되자 흙에서만 새싹이 쏘옥! 올라왔대요.

☞ 상황 분석

씨앗 1 : 약간 짜증나고 곧 울먹일 것 같은 여자 아이.

씨앗 2 : 장난스런 남자아이, 미끄럼틀 타는 것이 좋기만 함.

씨앗 3 : 가냘프고 여리면서 착하고 고운 여자 아이.

Chapter **8**

스토리텔링 놀이치료를 위한
문학활동놀이 예시자료

Chapter

08 스토리텔링 놀이치료를 위한 문학활동놀이 예시자료

　문학은 사상이나 가치를 언어로 표현한 예술이다. 즉, 가치 있는 사람들의 모습을 재현하여 우리들로 하여금 삶의 가치관 형성에 도움을 준다. 따라서 문학에서 언어는 등장인물의 욕구를 표현하는 수단으로 활용되며 탐색과 문제해결 과정을 통해 인지적 성장을 도와준다. 또한 개인적 견해나 정체성을 나타내는 언어는 다른 사람과의 인사소통을 가능케 함으로써 풍부한 상호작용을 돕는다.

　시니어 스토리텔링 놀이치료의 문학영역은 주로 동화·동시·전래 동요·역할극·책 읽기 등으로 접근한다. 다양하게 읽을 수 있는 재료를 가지고 기분을 전환시키며 집중력을 증진시키고 상상력을 자극한다. 말하기와 글쓰기를 통해 자유롭게 표현해봄으로써 정서적 환기와 카타르시스를 경험하여 성취감과 능동성을 기를 수 있다. 이야기 속에 등장하는 인물의 어려운 경험이나 가정에 대해 들으며 자신의 감정을 처리하는 방법에 대해 생각하게 되며, 허구적인 인물들의 문제점과 해결책을 쉽게 인지하여 우울증을 적당히 완화시키고 자신의 문제를 객관적으로 받아들이게 된다.

　노화로 인한 언어의 구성과 어휘력 등이 많이 저하되는 시니어들에게 언어영역은 재활을 위해서도 효과적인 치료방법이다. 단어와 문장의 어휘력 훈련 게임들을 통해 언어적 기능 향상에 크게 도움이 될 것이다. 동시와 이야기 그리고 극 놀이 등을 이용한 문학적 접근은 시니어들이 잠재욕구를 표현하는 중요한 수단이 된다. 동시는 생각과 감정 그리고 기억들을 일깨우는 촉매 역할을 한다. 문학을 통해 삶을 돌아보고 회상하는 일은 자아존중과 심리적 안정감을 가져다준다. 동화나 동시를 통하여 과거를 기억하는 것은 시니어들이 불안과 우울증을 극복하도록 돕는다. 문학활동놀이는 상상력을 근간으로 하는 간접체험인 문학적 체험은 인간의 정서를 순화하고 함양시킬 수 있는 치유적 효과를 가지고 있다. 효율적인 효과를 위해서 음악·율동·미술 등 다른 영역과 적절히 통합하여 흥미를 잃지 않도록 하는 것이 바람직하다.

제1절 시니어 놀이치료의 개념과 특성

시니어를 위한 심리치료의 중점은 시니어들에게 그들이 살아온 삶이 균형을 이룸과 동시에 돌이킬 수 없는 상실감을 극복하고 삶을 마감하는 것을 도와주는 데 있다. (Petzold, H, 1985) 시니어를 위한 놀이치료란 놀이가 가지고 있는 치유적 힘을 시니어의 심리치료에 활용하여 시니어의 문제행동을 예방하거나 제거함으로써 시니어의 사회적 적응과 사회적 기능의 성숙을 도와주는 것이다. 이는 시니어의 경험, 사고, 감정, 성격, 욕구, 소망, 발달 등이 놀이를 통해 나타날 수 있기 때문이다.

놀이 활동은 시니어의 특정 인물이나 사물에 대한 느낌이나 사고체계의 문제점이 쉽게 표출되게 한다. 때문에 치료를 위한 가장 기본적인 자료들을 분명하게 인식할 수 있다. 이를 바탕으로 체계적이고 반복적인 놀이치료를 진행하게 되면 정신적 문제를 이겨내고 회복하는 데 도움을 줄 수 있다. 노년기의 고립과 소외감을 제거하기 위한 치료적 접근도 가능하다. 또한 놀이치료를 통하여 질병이나 장애로 인한 시니어의 신체적, 정서적 후속현상의 문제를 개선하는데도 도움을 줄 수 있다. 중요한 것은 놀이 활동에 있어서 시니어 개인의 심리적, 사회적, 신체적 기능을 고려하여 놀이치료의 목적을 설정하고 그에 따른 과학적인 놀이방법을 구성해야 한다는 것이다.(정여주, 2006)

시니어 놀이치료는 시니어에 대한 심리치료의 목적과 놀이의 치유적 기능을 바탕으로 체계적으로 통합된 다양한 놀이 프로그램을 통하여 노년의 단조로운 생활에서 벗어나 자기 표현력을 향상시키고 자존감을 향상시키며 심리적 안전을 도모하는데 중점을 두고 있다. 시니어놀이치료의 목적이 시니어라는 특수한 인구집단을 대상으로 최대한 원래의 기능과 상태로 회복하게 하거나 유지하게 하는 것이며 남은 삶을 사는 데 도움을 주기 위한 것이기 때문이다. 다시 말해서, 시니어의 치매 예방, 인지 능력 재활에 보다 효과적인 치료방법을 마련하여 시니어의 인지적, 정서적, 사회적, 신체적 기능을 유지, 향상시켜 시니어의 삶의 질을 한층 제고하기 위해서 놀이 활동의 프로그램을 적용하고 실시함에 있어서 구체적이고 체계적으로 매뉴얼을 구성한 것이 시니어놀이치료라고 할 수 있다. 나아가 질환자에 대해서는 놀이의 치료적 기능을 더욱 상승시켜 놀이 활동의 근간이 되게 구성함으로써 인간에게 잠재되어 잇는 건강한 기능을 되살리고자 하는 것이다.

특히 문학활동놀이는 등장인물과 동일시하면서 시니어의 감정을 표현하고 과거 일을 설명하면서 갈등을 해결해 나갈 수 있다. 따라서 시니어의 정신 치료에서 문학활동놀이는 필수적이다.

시니어 문학놀이치료의 특성을 살펴보면 다음과 같다.

첫째, 자아실현적 관점에서 살펴보면 시니어가 주체적으로 문학활동놀이에 참여함으로써 미처 깨닫지 못한 자신만의 능력과 창의성을 개발할 수 있다. 예를 들면 글쓰기, 소품 만들기, 동극 등에서 남다른 자신의 능력을 발견하게 되어 자율성과 자기수용력을 갖게 될 뿐만 아니라 자존감과 타인에 대한 수용력과 이해력을 향상시킬 수 있다. 특히 아동문학의 등장인물은 사람뿐만 아니라 식물, 동물, 무생물까지도 주인공이 될 수 있기 때문에 자연과 주변 환경에 대해 개방적이 된다. 또한 단체로 진행되는 문학활동놀이에 참여하면서 자기 통제력과 결정력까지 향상시킨다.

둘째, 정서적, 심리적 기능 회복의 관점에서 살펴보면 동화 속 인물, 배경, 사건은 시니어들에게 과거로의 회상으로 연결하게 되므로 기억력을 유지하거나 복원하여 정서적으로 도움을 준다. 또한 상실한 정체성의 일부분을 회복하여 심리적 안정감과 자신감을 얻을 뿐만 아니라 문학활동놀이를 통한 즐거움으로 갈등이나 문제해결

능력을 향상시키고 자연스럽게 스트레스를 해소한다.

셋째, 교과통합영역으로 이루어지는 문학활동놀이는 시니어의 장애나 병의 극복과 완화, 노화로 인한 신체적 기능의 장애를 극복, 노인성 정신장애를 완화하거나 회복한다. 이를 통하여 일상의 활동능력을 활성화하고 점진적인 재활기회를 가지게 된다. 이로 인해 삶에 대한 긍정적인 사고로 대처하게 된다.

넷째, 문학활동놀이는 개인 활동이 아니라 집단으로 이루어지기 때문에 협동심과 공동체 의식을 바탕으로 자신의 역할에 대한 의미를 부여하는 계기가 된다. 또한 여러 사람 앞에서 개인적 삶의 경험을 함께 나눌 수 있게 되므로 자신을 표현할 수 있는 능력을 개발할 수 있다.

제2절 동시를 활용한 놀이지도

동시랑 놀자!

- **수업 텍스트** : 동시 14편
- **수업 특징** : 도입 부분 : 손 유희, 율동, 수수께끼 중심으로!

전개 부분 : 인지영역(언어, 사회, 미술, 음악, 신체표현 중심으로)

마무리 부분 : 동화 내용 이해, 적용, 확장 영역 활동 중심으로!

NO	동시 제목	도입 부분	전개 부분	활 동 지
1	한 번에 척!	- 노래 부르기 (기린이랑 사슴이랑)	* 양말기린 만들기, 동시암송 * 나뭇잎 색종이 붙이기	1. 길쭉길쭉 키다리 기린 2. 무얼 먹을까?
2	얼음나라 수영 선수	- 손유희 (펭귄 가족)	* 펭귄대장놀이 - 신체표현 * 노래 부르기	1. 무얼 할까요? 2. 자! 맛있는 간식이야!

NO	동시 제목	도입 부분	전개 부분	활 동 지
3	닮고 싶어요	- 게임놀이 (I'm ground 동물 이름 대기)	* 동시 짓기 * 미술(콩나물 사자갈기)	1. 무엇이 닮았을까? 2. 멋쟁이 사자

4	튼튼한 친구들 1
	튼튼한 친구들 2
		- 질문놀이
		- 이야기 나누기
			* 미술
			* 강아지똥 애니메이션
			  관람
			* 지점토 만들기
			* 언어표현
			  (의성어, 의태어)
				1. 누구의 똥일까?
				2. 강아지똥이 되었어요.
				3. 응가했어요!
				4. 튼튼해지려면?

5	하나 둘, 하나 둘	- 수수께끼 - 토론하기	* 신체표현 * 미술	1. 영차! 영차! 개미들이다 2. 알아맞혀 보세요!
6	내가 누구게?	- 노래 부르기 (개와 고양이) - 스무고개 놀이	* 신체표현(더듬이 달기) * 미술(콩으로 개미 만들기)	1. 어? 빠졌다! 2. 들리니? 안 들리니?
7	즐거운 점심	- 노래 부르기 (옹달샘) - 수수께끼	* 언어표현 (의성어, 의태어) * NIE 활동	1. 얌얌! 맛있다! 2. 무슨 반찬?
8	사이 좋은 친구	- 나비 요가	* 나비 만들기(휴지날개) * 언어표현	1. 나랑 친구하자! 2. 돋보기로 보았더니!

9	뚝딱뚝딱
	집 짓기 1
	뚝딱뚝딱
	집 짓기 2
		- 노래 듣기
		(왕벌의 비행)
		- 노래 부르기
			* 창의성 드라마
			* 미술(국수 거미집)
			* 자연관찰 책 보기
			* 음률
				1. 우리 집은 어디에
				  있지?
				2. 거미가 줄을 타고!
				1. 내가 살고 싶은 집은?
				2. 사다리를 타고
				  내려갔더니!

10	변신쟁이	- 노래 부르기
		(나무를 심자)
			* 토론
			* 현장체험
			  (나무 관찰하기)
				1. 여름나무 친구들은
				  모여라!
				2. 짠잔! 요렇게 변했어요!

11	꼭꼭 먹어요	- 노래 부르기
		(냠냠)
			* 만들기
			  (야채얼굴만들기)
			* 언어표현
				1. 맛있게 냠냠! 무엇을
				  먹을까?
				2. 우와! 멋있죠?

12	깜짝 놀랐네	- 손유희(천둥번개)	* 챈트(천둥과 번개가!) * 미술(김으로 만든 밤하늘)	1. 천둥과 번개가 만나면? 2. 우르릉 쾅쾅!
13	눈송이 꽃송이	- 토론 - 과학실험	* 관찰하기 (돋보기로 놀자) * 미술	1. 자세히! 자세히! 2. 누구의 발자국일까?
14	달 탐험 1 달 탐험 2	- 노래 부르기(달) - 노래 부르기 (달 따라 가자)	* 식빵으로 달 만들기 * 토론 * 신체표현(달 모양) * 종이 접기	1. 요술쟁이! 2. 나도 작가! 3. 지우개 그림 4. 날아라! 우주선!

한 번에 척!

휙!
산모퉁이 누가 오나
한 번에 살펴보고.

척!
높은 가지 나뭇잎도
한 번에 냠냠냠.

한 번에 휙!
한 번에 척!
기린은 목이 참 길구나.

- 글 : 성현주 -

〈한 번에 척〉 수업지도안

학습 목표	1. 기린의 특징에 관심을 갖고 특징을 언어로 표현해 볼 수 있다. 2. 과학적 지식을 동시로 표현할 수 있다.
영역 구분	생명영역-동물
대 상	5~6세
수업 방법	기린 만들기, 기린처럼 흉내내기, 동시 암송하기
준비물	동물카드(무늬가 있는 동물), 기린 모양 풍선 또는 기린인형

◆ **활동준비**

- 동물카드는 무늬가 뚜렷한 동물로 준비한다.

  예) 얼룩말, 거북, 호랑이, 기린, 뱀 등등
- 기린 모양 풍선은 미리 불어둔다.

◆ **도입**

1. 노래 부르기–기린이랑 사슴이랑

   : 노래를 부르며 기린과 사슴을 힘차게 표현할 수 있도록 한다.

   (기린이랑 사슴이랑 – 김여자 작사, 이은렬 작곡 참고)

◆ **전개**

1. 수수께기 내기

   : 길쭉한 다리, 몸에는 무늬가 있고 키가 커요. 나는 누구일까요?

2. 동시 들려주기 & 동시피드백

   : 교사가 동시를 낭독하고 어르신들은 눈을 감고 감상하도록 한다.

   어르신들이 따라 할 수 있도록 한 구절씩 낭독한다.

느낌 가지며 동시 낭독하기

: 휙, 척에 동작을 생각해본다.

휙, 척이 나오는 부분에 고개를 오른쪽 왼쪽으로 돌리는 동작을 한다.

휙 : 오른쪽, 척 : 왼쪽으로 돌리는 동작을 놀이처럼 진행한다.

동시를 외울 때 낭독할 때 동작이 가미되면 더 재미있는 동시를 배울 수 있다.

3. 기린에 대해 이야기 나누며 활동지(1-1)로 기린 만들기

: 활동지의 기린을 보면서 기린의 신체적 특징에 대해 이야기한다.

활동지 속의 기린 그림에 무엇이 빠져있는지 이야기해보고

무늬와 함께 기린을 꾸민다.

기린의 신체적 특징

- 기린은 몸에 비해 목이 아주 길어요.

- 머리에는두 개의 뿔이 나 있고, 암컷의 경우는 뿔 끝에 털이 나 있어요.

- 기린은 청각과 후각이 아주 예민해요.

- 기린은 시각이 발달되어 있어서 멀리서 오는 적을 쉽게 발견할 수 있어요.

4. 동물들에게는 어떤 무늬가 있을까요?

: 준비한 동물카드를 보여주며 어떤 동물인지, 어떤 무늬를 가지고 있는지 이야기해본다.

왜 무늬가 있을까요?

: 얼룩말이나 아르마딜로처럼 포식자로부터 숨기 위한 보호색으로 무늬를 가지고 있기도 하고, 사냥에 유리하게 위장색을 하기 위해 무늬를 가지기도 해요.

동물들의 무늬와 비슷한 무늬를 생활 속에서 찾아볼 수 있도록 한다.

5. 나도 기린!

: 준비한 기린 풍선을 가지고 교사가 먼저 기린이 대해 이야기 해 본다.

기린 풍선이 어르신들에게 돌아갈 때 생각한 것들을 이야기 해본다.

교사는 어르신들의 이야기를 적어보고 어르신들에게 들려준다.

어르신들이 기린에 대해 이야기한 것으로 기린 동시를 지어볼 수 있다.

6. 기린은 무엇을 먹을까? (활동지 1-2)로 나뭇잎을 붙이고 기린처럼 따라 물 마셔보기
: 기린의 생태에 대해 이야기하고 활동지에 색종이를 오리거나 접어서 붙이며 기린에게 나뭇잎은 붙여준다.
기린이 물을 마실 때 어떻게 마시는지 교사가 흉내 내어보고 어르신들이 함께 따라 해 볼 수 있도록 한다.

기린의 생태

- 기린은 초원에 살아요
- 기린은 성장한 수컷과 2~3마리의 암컷, 새끼들이 함께 작은 무리를 지어 살아요,
- 아카시아 잎과 작은 가지, 때로는 꽃, 열매, 풀 등을 먹으며 이른 아침이나 저녁에 활동을 해요.
- 물을 마실 때 앞다리를 좌우로 넓게 벌리고 무릎을 약간 구부리고 물을 마셔요.

◆ 마무리

- 동작을 통해 느낌 가지며 동시를 낭독해본다.
또 다른 동작을 넣는다면 어떤 구절에 넣고 싶은지 왜 그렇게 생각하는 지 이야기 해보고 다시 시연해본다.
- 내가 만든 길쭉길쭉 키다리 기린을 전시해보고 각자 기린에 이름을 지어본다.

◆ Review & Tip

딱딱했던 과학이 동시로 즐거워진다.
지금부터 동시를 낭독할 때 재미있는 활동과 함께 낭독해볼까요?

◆ 양말 기린들의 신나는 동시 암송대회

1. 긴 양말 한 짝을 어르신 손에 끼우고 양말 기린이라고 생각하고 동시를 암송한다.

2. 특정 구절에 동작을 넣어 양말 기린이 벌떡 일어서거나, 인사를 하는 등 동작과 함께 동시를 재미있게 암송해본다.

* 양말에 크레파스로 기린의 무늬를 그리면 더 실감나는 기린이 되겠지요?

🐹 동시 놀이 1

길쭉 길쭉 키다리 기린

길쭉 길쭉 키다리 기린이 있어요.

키다리 기린을 멋지게 색칠하고 가위로 오려 기린을 만들어보세요.

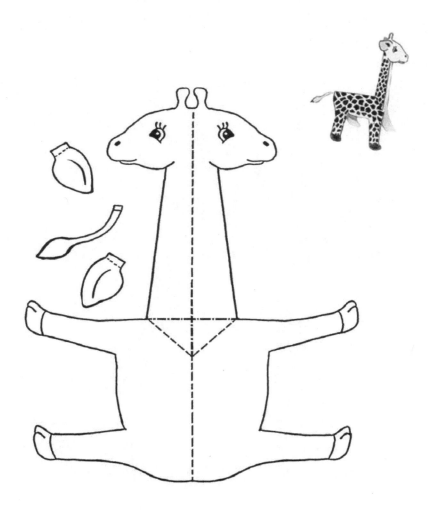

🐘 동시 놀이 2

무얼 먹을까?

키다리 기린은 무얼 먹고 살까요?

배고픈 키다리 기린에게 맛있는 초록 나뭇잎을 주면 어떨까요?

색종이로 나뭇잎을 접거나 오려서 붙여 기린에게 선물해주세요.

얼음나라 수영선수

펭귄은
추운 게
좋은가 봐.

얼음 나라에서
뒤뚱뒤뚱
잘도 살지

펭귄은
바다가
하늘인 줄 아나 봐

물속에서
날개로 헤엄치며
잘도 놀지.

－ 글 : 성현주 －

〈얼음나라 수영선수〉 수업지도안

학습 목표	1. 펭귄의 특성과 생활에 대해 관심을 갖고 언어로 표현할 수 있다. 2. 신체표현놀이를 하며 역할극을 할 수 있다.
영역 구분	생명영역-동물
수업 방법	손유희, 신체표현놀이, 동시 노래 부르기
준비물	펭귄 사진, 탬버린, 트라이앵글, 캐스터네츠, 예쁜 스티커

◆ **활동준비**

 – 펭귄의 신체적 특징이 잘 표현되어있는 사진을 준비한다.

◆ **도입**

1. **손유희–펭귄 가족**

 : 손유희 를 하며 펭귄모습을 흉내내보면서, 펭귄을 표현할 수 있도록 한다.

 아빠 펭귄이 망치질을 한다 (아빠–엄지 손가락, 펭귄흉내)

 뚝딱 어어~ 뚝딱 어어~(양손을 주먹 쥐고 위아래로 두드린다)

 엄마 펭귄이 요리를 한다 (엄마–검지 손가락, 펭귄흉내)

 지글지글 어어~ 보글보글 어어~(양손을 펴서 위로 손가락을 오므렸다 편다)

 오빠 펭귄이 공부를 한다 (오빠–가운데 손가락, 펭귄흉내)

 ABCD 어어~ 1234 어어~(한 손은 펴고 다른 손을 연필 쥐듯이)

 언니 펭귄이 화장을 한다 (언니–장지 손가락, 펭귄흉내)

 똑딱 어어~ 똑딱 어어~(양손을 펴서 화장하듯 톡톡~)

 아기 펭귄이 우유를 먹는다 (아기–새끼 손가락, 펭귄흉내)

 쭈쭈 어어~ 쭈쭈 어어~(양손을 주먹 쥐고 입에 댄다)

◆ **전개**

1. 수수께기 내기

: 날지 못하는 새, 남극의 신사, 뒤뚱뒤뚱(펭귄흉내) 나는 누구일까요?

2. 펭귄 사진 보며 펭귄에대해 이야기하기

: 펭귄 사진을 보며 펭귄의 생김새와 먹이, 성장과정에 대해 이야기를 나누어본다.

– 펭귄은 어떻게 생겼나요?

– 추운 곳에서 어떻게 추위를 견디며 살 수 있을까요?

: 펭귄들은 두텁고 서로 겹쳐져서 방수성이 있는 깃털을 가지고 있으며 피부와 깃털 사이에 공간이 있어 따뜻한 공기를 가두어 둘 수 있어요. 그리고 피부와 근육 사이에는 두터운 지방질이 발달되어 있는데 추위를 막아줄 뿐 아니라 에너지를 저장해 두는 곳의 역할도 한답니다.)

– 펭귄은 어디에서 살까요?

: 펭귄은 물 속과 물위에서 살 수 있어요.

펭귄은 육지에서는 둔하기 짝이 없는 동물이지만 물 속에서는 누구도 흉내 낼 수 없을 정도로 날렵하고 우아한 수영 솜씨를 자랑한답니다. 물갈퀴가 달린 발과 삼각형 모양의 꼬리는 방향타의 역할을 하며 강력한 근육으로 움직이는 날개는 놀라운 추진력을 뿜내어서 물 속에서 빠르게 움직일 수 있는 원동력을 제공하지요. 펭귄의 눈은 땅 위에서는 형편없는 편이지만 물 속에서는 사물을 매우 정확하게 구별할 수 있어요.)

3. 동시 들려주기 & 동시피드백

* 교사가 동시를 낭독하고 어르신들은 눈을 감고 감상하도록 한다.

– 어르신들이 따라 할 수 있도록 한 구절씩 낭독한다.

* 노래로 동시 낭독하기

〈산토끼〉 노래에 맞춰 동시를 불러본다.

– 운율이 들어있어 펭귄 동시를 더 재미있게 익힐 수 있다.

4. 활동지(2-1) 펭귄가족 꾸며보기

: 활동지의 풍경을 보고 해당하는 곳에 펭귄가족을 붙여보고 이야기 해 본다.

5. 펭귄처럼 뒤뚱뒤뚱! - 신체표현놀이

: 3종류의 악기(탬버린, 트라이앵글, 캐스터네츠)는 가위바위보로 이긴 사람이 다 가지고 대장 펭귄이 된다.

1) 대장펭귄의 명령대로 아기 펭귄들은 나들이를 나간다.

2) 대장펭귄이 탬버린을 흔들면 아기펭귄들은 빠른 걸음으로 전진한다.

3) 대장펭귄이 트라이앵글을 치면 제 자리에서 걸음을 걸며 한 바퀴 돈다.

4) 대장펭귄이 캐스터네츠를 치면 춤을 춘다.

- 악기에 따라 움직임이 다름을 느끼며 펭귄처럼 되어본 느낌에 대해 이야기 해 보고 대장은 돌아가며 신체표현놀이를 해 본다. 또한 움직임도 달리 변경해서 놀이를 할 수 있다.

6. 활동지(2-2) 얼음나라 수영선수 펭귄의 간식

: 운동을 열심히 한 펭귄들에게 간식을 먹여주는 활동으로 어떤 간식을 주면 좋을 지 생각해보고 그림으로 표현해보고 왜 그렇게 생각하는지 이유를 들어 이야기 해 본다.

◆ **마무리**

산토끼 노래에 맞춰 펭귄 동시를 노래로 불러본다.

노래로 동시를 불러 볼 때의 차이점에 대해 이야기해보고 동시 노래 부르기 경연대회를 해 본다.

동시노래 부르기에 참여한 어르신들에게 예쁜 스티커 한 장을 준다.

◆ Review & Tip

얼음나라 수영선수 (산토끼 노래 응용)

* 펭귄은 추운게 좋~은~가~봐

* 얼음나라에서도 뒤뚱뒤뚱 잘살지

  산토끼 토끼야 어디를 가느냐

  깡총깡총 뛰어서 어디를 가느냐

동시 놀이 1

무얼 할까요?

아빠 펭귄, 엄마 펭귄, 아기 펭귄은 무엇을 할까요?
아래 펭귄을 오려서 해당하는 곳에 붙이고 이야기 해 보세요.

🐘 동시 놀이 2

자! 맛있는 간식이야!

수영을 열심히 한 펭귄이 배가 고프대요. 간식으로 무얼 주고 싶나요?
그림으로 그리고 이유를 말해 보세요.

닮고 싶어요

나는야 나는야

닮고 싶어요

아빠와 나를 위해 사냥하는

재빠른 우리 엄마.

엄마와 나를 지켜주는

용감한 우리 아빠.

나는야 나는야

닮고 싶어요.

－ 글 : 성현주 －

〈닮고 싶어요〉 수업지도안

학습 목표	1. 동물원에 있는 동물들의 종류와 특성을 알고 동물을 사랑하고 보호하는 마음을 가진다. 2. 사자의 생김새와 암수의 역할을 알 수 있다.
영역 구분	생명영역-동물
수업 방법	동물이름대기 게임, 라면을 이용하여 사자 갈기 꾸미기, 동시 암송하기, 표현놀이
준비물	라면, 목공풀, 동물카드

◆ 활동준비

– 멋쟁이 사자 갈기 만들기에 사용할 라면은 부숴둔다.

◆ 도입

1. I'm ground 동물 이름 대기 게임

   : 어르신들과 동그랗게 앉아서 동물원에 가면 볼 수 있는 동물들의 이름을 (I'm ground 동물 이름 대기) 한 명씩 박자에 맞춰 말해보고 동물원에 가서 보고 싶은 동물에 대해 이야기를 나눈다.

   – 동물원에 가면 어떤 동물을 볼 수 있을까요?

   – 동물원에 가면 어떤 동물을 보고 싶나요?

     왜 그 동물이 제일 먼저 보고 싶은 이유가 뭘까요?

   – 좋아하는 동물을 만나면 어떻게 하고 싶나요?

   등의 질문을 하며 동물에 대해 이야기를 하고 동물원에 가서 동물을 볼 때 어떻게 해야 하는지 이야기 한다.

2. 노래 부르기-닮은 곳이 있대요

   : 암수와 아기 동물에 대해 이야기 하며 힘차게 노래를 부를 수 있도록 한다.

   * 노래 ; "닮은 곳이 있대요" 참고

◆ 전개

1. 수수께끼 내기

  : 날카로운 발톱과 이빨을 가지고 있어요. 갈기도 있지요. 동물의 왕인 나는 누구일까요?

2. 동시 들려주기 & 동시피드백

  : 교사가 동시를 낭독하고 어르신들은 눈을 감고 감상하도록 한다.

  어르신들이 따라 할 수 있도록 한 구절씩 낭독한다.

 단어 바꾸어 동시 짓기

  : 아빠와 나를 위해 사냥하는 재빠른 우리 엄마

  엄마와 나를 지켜주는 용감한 우리 아빠

  재빠른, 용감한 단어를 다른 단어로 바꾸어 동시를 지어본다면?

  – 나는야 나는야 닮고 싶어요

    아빠와 나를 위해 사냥하는 용기 있는 우리 엄마,

    엄마와 나를 지켜 주는 멋쟁이 우리 아빠

    나는야 나는야 닮고 싶어요

    어르신들이 지은 동시를 돌아가며 읽어보고 느낌을 이야기 해 본다.

3. 사자에 대해 이야기나누며 활동지(3-1) 연결해보기

  : 동물들을 자세히 살피며 엄마와 아기를 찾아 연결해 본다.

  다시 한 번 '닮은 곳이 있대요'노래를 불러본다.

 사자의 특징

  – 사자는 고양이과 동물 중에서 가장 큰 짐승이며, 동물의 왕이라고도 불립니다.

  – 20여마리가 무리 생활을 한다.

  – 초원에 무리를 지어 사는데, 그것은 사자가 초원에 사는 초식동물을 잡아먹기 때문이다.

- 사냥은 암사자가 한다. 수사자보다 더 빠르기 때문이다.
- 수사자는 다 자라면 머리 둘레에 갈기가 생기고, 암사자보다 몸집이 훨씬 크다.
- 수사자는 자기 무리의 영역을 지키고 멀리서 지켜볼 뿐이고 사냥은 하지 않는다.

  왜냐하면 수사자가 1.2 ~1.5배 정도 덩치가 커서 사냥할 때 몸을 숨기는 것이 쉽지 않기 때문이다.

사자가 먹이를 먹는 순서는 어떻게 될까요?

수사자–암사자–새끼

4. 멋쟁이 사자 활동지 (3–2)에 라면으로 사자 갈기 꾸미기

: 동물카드 사자를 보며 사자의 생김새를 다시 살펴보고 수사자의 갈기를 꾸며보기로 한다. 수사자의 갈기 꾸미기에 어떤 재료를 사용할지 다양한 재료를 살펴본다.

- 준비한 라면은 부숴둔다.
- 갈기에 목공풀을 골고루 펴 바른다.
- 잘게 부순 라면을 갈기에 고루 펴고 말린다.
- 직접 꾸민 사자 갈기에 대해 서로 이야기를 해 본다.

5. 용감한 사자

: 어르신들과 함께 재빠른 사자, 용감한 사자의 표정을 지어본다. (표현놀이)

- 손으로 가리고 손으로 가리고 용감한 사자의 얼굴로 변해보세요

  (어르신들과 함께 용기 있는 얼굴로 변해본다.)

- 손으로 가리고 손을 가리고 재빠른 사자로 변해보세요.

◆ **마무리**

또 다른 단어를 바꾸어가며 동시를 지어본다.

예) 닮고 싶어요.

동물원에 대해 이야기를 하며 동물원에서 지켜야 할 규칙을 이야기한다.

– 동물을 괴롭히거나 아무 음식을 던져주지 않는다.

쓰레기를 함부로 버리지 않는다. 등등

◆ **Review & Tip**

활동지 멋쟁이 사자의 갈기는 어떤 재료를 이용하여 꾸밀 수 있을까요?

잘게 부순 라면 대신 콩나물을 사용해보세요.

재료의 다양함은 어르신들의 창의력과 상상력에 아주 큰 도움을 준답니다.

콩나물을 말려서 사용해도 되고 말리지 않은 콩나물을 사용해도 되지요.

우선 목공풀로 사자의 갈기 부분에 펴 바르고 콩나물을 살짝 올리면

사자의 갈기 완성!

재료의 다양함이 어르신들의 우뇌에 또 다른 자극을 줄 수 있는 기회가 되겠

지요?

🐗 동시 놀이 1

무엇이 닮았을까?

그림 속 동물 중 누가 누가 더 닮았나요?
엄마와 아기를 연결해보고 누구인지 말해보세요.

🐘 동시 놀이 2

멋쟁이 사자

멋쟁이 아빠 사자의 갈기를 꾸며볼까요?
콩나물이나 구불구불 라면을 이용하여 아빠 사자의 갈기를 꾸며보세요.

튼튼한 친구들

땡글땡글
사슴이 응가!

철퍽철퍽
흰곰도 응가!

뭉텅뭉텅
얼룩말도 응가!

튼튼한 동물친구들
응가도 잘 하지!

튼튼한 나도
응가 잘 한다!

－글 : 성현주 －

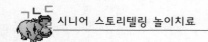

튼튼한 친구들 수업지도안 <1>

동　　화 : 튼튼한 친구들
학습목표 : 방동물들 변의 모양을 관찰한다. 배변의 중요성을 안다.
수업영역 : 언어감성 / 만들기
수업지도 : 응가했어요! / 튼튼해지려면?

🍎 생각 꺼내기

1. 이야기 나누기

　　T : 화장실에 가서 대변을 누었을 때 기분이 어떤가요?

　　C : 기분이 좋아요. 대변이 잘 안 나와서 힘들어요.

　　T : 우리는 앉아서 대변을 보는데 동물들은 어떻게 대변을 보나요?

　　C : 앉아서요. 서서요…….

　　☞ 동물과 사람을 비교하여 이야기 나누어 본다.

🍎 생각 풀기

1. 동화 들려주기

2. 소리로 말해요.

　　① 동물들이 변을 보는 소리를 내 보아요.

　　② 교사가 동물 이름을 말하면 어르신은 변의 모양을 이야기한다.

　　　　사슴은? ☞ 땡글땡글

　　　　흰 곰은? ☞ 철퍽철퍽

　　　　얼룩말은? ☞ 뭉텅뭉텅

3. 나누어 낭송하기

　　① 사슴, 흰 곰, 얼룩말을 맡은 유아를 정하고, 친구들 앞으로 나오도록 한다.

② 변을 볼 때의 소리를 흉내 내어 본다.

땡글땡글 사슴이(서서 말하면서 땡글땡글을 손으로 표현한다.)

응가!(앉아서 변을 보는 동작과 표정을 취한다.)

☞ 흰곰과 얼룩말도 같은 방법으로 표현한다.

앉아 있는 어르신들: 튼튼한 동물 친구들 응가도 잘하지! ×2

튼튼한 나도 응가 잘한다.

4. 이야기 나누기

* 왜 변을 잘 보아야 튼튼한 걸까요?

* 변을 보지 않는다면 어떻게 될까요?

* 우리의 변 모양은 어떤가요?

🍎 생각 감기

1. 응가 했어요!

① 동시에 나온 사슴, 흰 곰, 얼룩말의 응가의 모양을 활동지에 그린다.

② 동물의 변을 지점토로 만들어 본다.

2. 튼튼해지려면?

① 튼튼해지기 위해서 해야 할 것은 무엇이 있는지 이야기 해 본다.

② 활동지 속 "나"의 생각주머니에 하나씩 그려 넣어준다. (단어로 써도 좋다.)

〈예-밥 잘 먹기 (밥 그림), 운동하기(운동기구), 잘 씻기(세면도구)〉

🦛 동시 놀이 1

응가 했어요!

🐸 동시 놀이 2

튼튼해지려면?

〈튼튼한 친구들〉 수업지도안 〈2〉

학습 목표	1. 똥 만들기를 통해 동물들의 똥 모양이 서로 다름을 알 수 있다. 2. 음식이 입을 지나 똥으로 나오기까지의 과정을 알아본다.
영역 구분	생명영역-동물
수업 방법	동물들의 똥 만들기, 강아지 똥 머리띠 만들기, 동화 감상하기, 동시 암송하기
준비물	뱃속여행 그림카드, 동물들의 똥 카드, 점토, 강아지 똥 영상 자료

◆ **활동준비**

- 다양한 동물들의 똥 카드를 준비한다.

◆ **도입**

1. 음식의 뱃속여행 이야기 나누기

 : 내가 먹은 음식이 입을 지나 똥으로 나오기까지의 과정을 이야기한다.

  음식-입-식도-위-소장-대장-항문-똥

 - 오늘 아침 어떤 음식을 먹고 왔나요?

  아침에 똥을 싸고 나온 어르신들 계신가요?

  우리가 먹은 음식은 모두 어디로 갈까?

  우리가 먹은 음식이 어떻게 똥으로 나오는지 알아볼까요?

  (그림을 보며 이야기한다.)

  입에 들어간 음식은 먼저 식도로 가요

  식도에서 푹신한 느낌의 위로 이동을 하지요

  위를 지나서 소장으로 가요. 음식의 영양분을 흡수하는 소장으로 갔다가 남은 음식의 물을 빨아들이는 대장으로 가요.

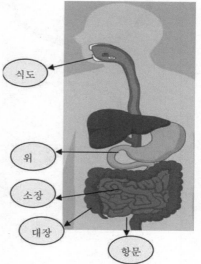

그 다음엔 어디로 갈까요?

항문으로 가서 똥으로 나오지요.

우리가 먹은 음식이 어떤 것인가에 따라서 똥도 달라질 수 있어요.

동물들은 어떤 음식을 먹을까요?

어떤 모양의 똥으로 나오는 지 알아볼까요?

◆ **전개**

1. 동시 들려주기

 : 교사가 동시를 낭독하고 어르신들은 눈을 감고 감상하도록 한다.

  어르신들이 따라 할 수 있도록 한 구절씩 낭독한다.

느낌 가지며 동시 낭독하기 (흉내 내는 말)

 : 땡글땡글, 철퍽철퍽, 뭉텅뭉텅에 동작을 생각해본다.

  누가 어떤 똥을 누었는지 이야기 해보고 다른 흉내 내는 말을 생각해본다.

 – 어르신들의 지은 흉내 내는 말을 비교해가며 동시를 낭독하면 더 재미있는

  동시 읽기가 될 수 있다.

2. 똥에 대해 이야기 나누며 활동지(4-1)로 동물들의 똥 만들기

 : 교사가 준비한 동물들의 똥 카드를 어르신들에게 보여준다.

  보여준 똥에 대해 이야기 하며 점토로 동물들의 똥을 만들어본다.

동물들의 똥

 – 동물들도 음식을 소화하고 남은 찌꺼기들을 변으로 내보내요.

  그 모양과 색깔은 동물의 종류에 따라 다양한데, 어떤 음식을 얼마만큼 먹느

  냐에 따라 달라지기 때문입니다.

  풀, 나뭇잎을 먹는 사슴의 똥은 동글동글하고 작고, 바다표범, 물고기, 바다새

  를 먹는 흰곰의 똥에는 수분이 많아요. 풀 과일, 나뭇잎을 먹는 얼룩말의 똥

  은 타원형으로 생겼답니다.

3. 강아지똥 영상 보기 (이루마 노래 - 강아지똥)

: 동화 강아지똥 이야기를 해 주고 강아지똥 영상 자료를 보며 똥이 하는 일에 대해 이야기 한다.

4. 활동지 (4-2 똥,똥 강아지 똥) 똥 머리띠를 만들어 똥이 된다면요?

: 내가 만약 똥이 된다면 어떨까요? 를 상상하며 어르신들과 똥 역할극을 해 본다.

- 어떤 똥이 되고 싶은가요? (각자 어떤 똥이 될 것인지 정한다.)

왜 그 똥이 되고 싶은가요? (이유를 들어 설명한다.)

그 동물은 어떤 음식을 먹었을까요? (음식을 먹는 종류에 따라 똥이 달라짐을 알 수 있다.)

똥이 되어서 어떤 일을 할 수 있나요? (동화 강아지 똥처럼 예쁜 꽃을 피우는 일을 예를 들어 이야기한다.)

5. 동시 낭독하기 & 동시 지어보기

: 튼튼한 친구들 동시를 소리 내어 낭독해본다.

동시에 나오는 동물(사슴, 흰곰, 얼룩말)들을 바꾸어 동시를 짓는다면 어떨까요? 어떤 동물을 넣어보고 싶은지 생각해보고 동시를 지어본다.

◆ 마무리

다시 한 번 강아지똥 영상자료를 보며 마무리를 하고, 흉내 내는 말을 넣어 느낌 가지며 동시 낭독을 잘 한 어르신에게 오늘의 동시 낭독 최고상을 준다.

◆ Review & Tip

흉내 내는 말에는 소리를 흉내 내는 말과 모양을 흉내 내는 말이 있습니다. 웃는 모습을 흉내 내는 말도 '히죽히죽, 방긋방긋, 방글방글' 등 여러 가지 입니다. 시에서 흉내 내는 말을 자주 쓰는 이유는 소리나 모양을 재미있게 나타낼 수 있고, 직접 보거나 듣는 것 같은 느낌이 들기 때문입니다.

사물을 훨씬 더 자세하게 표현할 수도 있습니다.

시를 읽고 흉내 내는 말이 무엇인지 찾아보고, 어느 때 그런 말을 쓰는지도 생
각해 보면 좋겠지요?

동시 놀이 1

누구의 똥일까?

동물들은 어떤 똥을 쌀까요?

점토를 이용하여 똥을 만든 후 동물들의 똥을 붙여보세요.

동시 놀이 2

강아지 똥이 되었어요

똥 그림을 잘라 머리띠를 만들어보세요.

내가 만든 똥 머리띠를 써보고, 내가 만약 강아지 똥이라면 어떨 지 생각해

보세요.

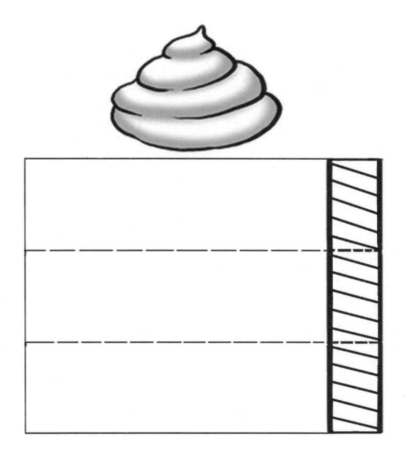

하나 둘, 하나 둘!

하나 둘, 하나 둘
줄 서서 가네.

저렇게 큰 나뭇잎
입으로 꽉 물고.

더듬이로 더듬더듬
하나 둘, 하나 둘

집 찾아가네.

- 글 : 성현주 -

〈하나 둘, 하나 둘〉 수업지도안

학습 목표	1. 개미의 특징에 관심을 갖고 특징을 언어로 표현해 볼 수 있다. 2. 개미의 성장과정을 신체로 표현해 볼 수 있다.
영역 구분	생명영역-동물
수업 방법	개미 만들기, 개미 성장과정 신체표현하기, 동시 암송하기
준비물	검은 콩, 목공풀, 검은 색 옷, 모루, 개미의 성장과정 그림자료

◆ **활동준비**

　– 어르신들의 옷은 검은색으로 위 아래로 준비하고 모루로 더듬이를 미리 만들어 놓는다.

◆ **도입**

1. 노래 부르기 – 개미 심부름 참고

　: 노래를 부르며 열심히 기어가는 개미를 상상해본다.

◆ **전개**

1. 수수께기 내기

　1) 땅 위와 땅 속을 오가며 열심히 음식을 나르지요.

　2) 머리, 가슴, 배로 구별되지요.

　3) 나는 누구일까요?

2. 개미의 성장과정 들려주며 개미에 대해 이야기 나누기

　(개미의 성장과정 그림자료 참고)

　– 개미는 어떻게 태어났을까요? 알에서 태어난 애벌레는 어떻게 하고 있나요?

　– 번데기 속에서는 무엇을 하고 있을까요?

　– 번데기 밖으로 나온 개미는 어떤 기분일까요?

개미의 특징

- 개미는 머리, 가슴, 배의 세 부분으로 구별됩니다.
- 머리에는 더듬이가 달려있고 턱이 있어서 음식을 운반할 때는 턱으로 꽉 물어서 가져간답니다.
- 다리는 세 쌍이고, 수개미와 여왕개미는 날개가 있습니다.
- 개미는 냄새가 나는 물질을 내보내어 서로 의사소통을 합니다.

개미의 성장과정 신체표현놀이

(검은색 옷을 입고 모루로 만든 더듬이를 머리에 달고 신체표현놀이를 한다.)
- 땅 속에 있는 알이 되어 몸을 아주 작게 웅크려볼까요?
- 알에서 태어난 애벌레예요. 애벌레를 표현해보세요.
- 번데기 밖으로 나온 개미가 되어볼까요?
- 이번엔 개미가 열심히 음식을 나르는 모습을 표현해보세요.

3. 동시 들려주기

: 교사가 동시를 낭독하고 어르신들은 눈을 감고 감상하도록 한다.
어르신들이 따라 할 수 있도록 한 구절씩 낭독한다.

4. 개미에 대해 이야기 나누며 활동지(5-1)로 개미 만들기

: 열심히 일을 하는 개미를 검은콩을 이용하여 만들어보고 개미의 신체구조에 대해 이야기한다.

개미는 어떤 음식을 좋아할까?

: 대부분의 개미는 꽃에서 발생되는 꿀이나 수액을 즐겨 찾으며 특히 진딧물과 공생관계를 가지며 단물을 제공받아요. 물론 죽은 곤충의 시체나 배설물 목질을 먹는 개미도 있고 열매나 씨앗을 먹는 개미도 있답니다.

5. 개미집에 대해 이야기 나누며 활동지 (5-2) 집 찾기

: 벌, 나비, 개미는 어디에 살까요?
벌은 밀랍으로 벌집을 짓고 살고 나비는 풀이나 꽃 근처에서 살지요.

또한 개미는 땅 속에 집을 짓고 삽니다.

◆ **마무리**

신체표현놀이를 하며 느낀 점을 이야기 해보고 가장 어려웠던 점, 가장 재미있었던 점 등을 이야기 해 본다.
열심히 표현놀이를 한 어르신들 모두에게 칭찬의 박수를 쳐준다.

◆ **Review & Tip**

개미의 신체를 다시 한 번 살펴볼까요?

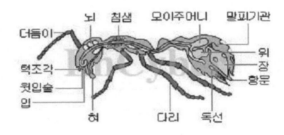

동시 놀이 1

영차! 영차! 개미들이다!

오늘도 개미는 부지런히 일을 해요.

검은 콩으로 개미를 만들어 줄 서서 열심히 일을 하는 개미를 붙여보세요.

🐹 동시 놀이 2

알아맞혀 보세요!

그림 속 동물들은 어디에 살까요?

길을 따라 집까지 찾아가 보세요.

내가 누구게?

동글동글 눈이 둘
쫑긋쫑긋 귀가 둘.

살랑살랑 꼬리가 하나
사뿐사뿐 다리가 넷.

걸을 때는 살금살금
높은 곳도 사뿐사뿐.

야옹야옹!
내가 누구게?

- 글 : 성현주 -

〈내가 누구게?〉 수업지도안

학습 목표	1. 개와 고양이의 특징을 알고 비교할 수 있다. 2. 손유희를 하고 신체표현놀이를 통해 고양이의 특성을 알 수 있다.
영역 구분	생명영역-동물
수업 방법	손유희, 동물 소리 들으며 그림 그리기, 신체표현놀이
준비물	개와 고양이 소리가 있는 동물 소리, 사인펜

◆ **활동준비**

- 동물카드는 무늬가 뚜렷한 동물로 준비한다.

  예) 얼룩말, 거북, 호랑이, 기린, 뱀 등등

- 기린 모양 풍선은 미리 불어둔다.

◆ **도입**

1. 노래 부르기 - 개와 고양이 참고

   : 노래를 부르며 개와 고양이 손유희를 해 본다.

   - 손유희는 동물의 특징을 살려 즉흥적으로 만들기

◆ **전개**

1. 내가 알고 있는 개와 고양이에 대해 이야기 나누기

   - 어르신들이 알고 있는 개의 종류에는 어떤 것들이 있나요?

     개는 무엇을 먹지요? 또 개에게 필요한 것에는 무엇이 있을까요?

   - 고양이는 어떻게 움직일까요?

     고양이의 수염은 어떤 역할을 할까요? 등의 질문을 하며 이야기를 나누어본다.

개의 특징

- 몸에 비해 꼬리가 짧은 편으로 몸길이의 절반 이하이다.
- 귓바퀴는 삼각형으로 종류에 따라 약간의 차이는 있지만 앞으로 넘어뜨리면 적어도 눈까지 닿게 되며, 입술은 두툼하며, 특히 늑대와 외형적인 모습이 매우 비슷하기 때문에 구별이 쉽지 않다.
- 한 번에 많은 새끼를 낳고 7년 정도 지나면 늙어서 15년 정도 밖에 살지 못한다.
- 공장에서 만든 사료를 먹기도 하고, 사람들이 먹다 남긴 음식을 먹기도 한다.

고양이의 특징

- 고양이는 날카로운 발톱을 감출 수 있고, 발바닥에 부드럽고 두터운 살이 있어서 소리를 내지 않고 움직일 수가 있답니다. 고양이의 수염은 고양이가 움직이거나 이동할 때 꼭 필요해요.
  자기가 지나갈 수 있는 공간이지 아닌지도 바로 이 수염으로 알 수 있거든요. 또 눈동자의 크기를 빛에 따라 조절할 수도 있답니다.

2. 동시 들려주기 & 동시피드백

: 교사가 동시를 낭독하고 어르신들은 눈을 감고 감상한다.
어르신들이 따라 할 수 있도록 한 구절씩 낭독한다.

3. 동물 소리 들으며 활동지(6- 1,2)로 그림 완성하기

: 동물 소리를 들으면서 동물의 없는 부분을 연상하고 그림을 그려보는 활동이다.
- 동물 소리를 들으면서 동물의 없는 부분을 사인펜으로 그려본다.
- 소리를 들으면서 그림을 그릴 때 느낌이 어땠는지 이야기 해 보고, 그냥 그릴 때와 다른 점에 대해 이야기 해 본다.
- 개와 고양이의 같은 점은 어떤 게 있는지, 또 다른 점은 어떤 것이 있는지도 이야기해 본다.

4. 나도 고양이가 되어볼까? (신체표현놀이)

: 사전 활동으로 충분히 고양이에 대해 탐색해 본 후 개와 고양이를 신체로 표현해본다.

어르신들이 고양이의 모습을 다양하게 표현할 수 있도록 격려해주고 언어로 표현해본다.

소집단으로 활동을 해 보고 어르신들이 잘 할 경우 다른 동물도 신체로 표현 놀이를 해 본다.

– 고양이는 어떻게 움직일까요? (살금살금 걸어요. 빨리 달려요. 높이 뛰어요)

– 고양이가 높이 뛸 때, 빨리 달릴 때는 어떤 모습일까요?

– 이제부턴 고양이처럼 마음껏 움직여보고 놀아볼까요?

5. 스무고개놀이 (나는 누구일까요?)

: 개와 고양이의 특성에 알아보고 난 후 스무고개놀이를 해 본다.

스무고개 놀이를 통해서 다시 한 번 개와 고양이의 특성을 인지할 수 있고, 또 다른 동물들에 대해서도 알 수 있다.

◆ 마무리

개와 고양이 손유희를 해 보고 신체표현놀이를 해보고 나서의 느낌을 이야기해 본다.

동시를 읽어보고 흉내 내는 말을 찾아보며 다시 한 번 암송해본다.

◆ Review & Tip

전체 그림을 보고 부분 그림을 미루어 생각해 보는 활동은 지각력과 관찰력 그리고 추리력을 발달시키는 활동이에요.

부분 그림을 추축하려면 먼저 전체 그림을 정확하게 이해해야 하고, 드러난 그림을 잘 관찰해야 하지요.

활동을 하기 전에 드러난 그림을 자세히 관찰할 수 있도록 전체 그림에 대해 이야기 한 뒤, 활동을 시작해 보는 것도 좋겠지요?

동시 놀이 1

어? 빠졌다!

그림 속 동물의 모습을 잘 보세요. 누구일까요?

그림을 잘 살펴보고 없는 부분을 그려서 동물을 완성해보세요.

🐘 동시 놀이 2

들리니? 안 들리니?

그림 속 동물의 모습을 잘 보세요. 누구일까요?

그림을 잘 살펴보고 없는 부분을 그려서 동물을 완성해보세요.

즐거운 점심

길쭉한 뒷다리로
폴짝폴짝 뛰어가

실룩실룩 킁킁킁
냄새 맡더니

누가 오나 안 오나
쫑긋쫑긋 들어보고는

맛있는 당근
오물오물 잘도 먹는다.

― 글 : 성현주 ―

〈즐거운 점심〉 수업지도안

학습 목표	1. 토끼의 특징에 대해 관심을 갖고 언어로 표현해 볼 수 있다. 2. 동물의 먹이에 대해 알아보고 동시 짓기를 할 수 있다.
영역 구분	생명영역-동물
수업 방법	손유희, NIE활동하기, 동시 짓기, 동시 암송하기
준비물	잡지, 신문 또는 홍보용 책자

◆ **활동준비**

　– 음식이 나와있는 신문이나 잡지는 미리 준비해둔다.

◆ **도입**

　1. 노래 부르기–옹달샘

　　: 노래를 부르며 토끼의 발자국 손유희를 해 본다.

　　– 옹달샘(윤석중 작사, 외국 곡) 참고

◆ **전개**

　1. 수수께기 내기

　　: 쫑긋한 귀, 길쭉한 뒷다리, 당근을 좋아하는 나는 누구일까요?

　2. 동시 들려주기 & 동시 피드백

　　: 교사가 동시를 낭독하고 어르신들은 눈을 감고 감상한다.

　　어르신들이 따라 할 수 있도록 한 구절씩 낭독한다.

　느낌 가지며 동시 낭독하기 (흉내 내는 말)

　　: 흉내 내는 말 폴짝폴짝, 실룩실룩, 쿵쿵쿵, 쫑긋쫑긋,

　　오물오물을 찾아보고 어떤 흉내 내는 말인지 이야기 한다.

　　소리를 흉내 내는 말: 쿵쿵쿵, 오물오물

모양이나 상태를 흉내 내는 말: 폴짝폴짝, 쫑긋쫑긋, 실룩실룩

흉내 내는 말을 모두 **빼고** 동시를 읽어보고 다시 흉내 내는 말을 넣어 동시를 읽어본다.

또 다른 흉내 내는 말을 넣어서 동시를 읽어보고, 흉내 내는 말을 넣을 때와 넣지 않을 때를 비교해본다.

3. 토끼에 대해 이야기나누며 활동지(7-1)로 동물들의 먹이 알아보기

: 토끼의 특징을 이야기 해 보고 토끼, 원숭이, 돼지, 강아지의 먹이에 대해 알아보고 동시를 완성해본다.

다양한 음식을 생각해 보고, 왜 그렇게 생각했는지에 대해 이야기 한다.

토끼의 특징

- 토끼는 앞다리와 뒷다리를 모았다가 뒷다리로 땅을 힘차게 굴러 앞으로 나아갑니다.
- 두 귀는 길고 꼬리는 짧아요.
- 채식성 동물로 당근, 양배추, 나뭇잎 등을 잘 먹어요.
- 토끼는 흰색, 검은색, 갈색, 회색 토끼가 있어요.
- 태어난 지 3~4개월이 지나면 바로 어미 토끼가 된답니다.

4. 활동지 (7-2) NIE를 통해 토끼의 즐거운 소풍 도시락꾸미기

: 토끼의 즐거운 소풍에 도시락을 만들어 보는 활동이다.

NIE활동을 통해 보다 즐거운 상상을 할 수 있고, 구체적으로 이유를 들어 말하기를 할 수 있다.

- 토끼 도시락에는 어떤 음식을 싸 주고 싶나요?
- 왜 그 음식을 싸 줘야 하나요?
  이유를 들어 이야기 해 볼까요?
- 이 도시락을 열어 본 토끼의 기분은 어떨까요?
- 내가 소풍을 가면 도시락에 어떤 음식이 있으면 좋을까요?
  왜 그런지 이야기 해 볼까요?

◆ **마무리**

즐거운 점심 동시를 다시 한 번 낭독해 보고 내가 만든 동시도 낭독해본다.

◆ **Review & Tip**

신문보기를 통해 생각주머니를 조금 더 키워볼까요?
어르신들의 시선을 자극하고 생각할 수 있는 것들을 다양하게 찾을 수 있지요?
그럼 먼저 신문놀이로 쑥쑥 크는 창의성에 대해 알아보아요.
창의성의 요소로는 민감성, 유창성, 융통성, 독창성, 정교성, 상상력이 있습니다.
신문을 활용한 질문과 활동을 통해 여러 가지 창의성의 요소를 키울 수 있지요.
어떻게 질문을 하면 이 요소들을 키울 수 있는지 살펴볼까요?

1. 유창성: "가능하다면 목록을 모두 적어보아요."
   "얼마나 많은 방법이 있을까요?"
   "모두 사용할 수 있는 것들에는 무엇이 있을까요?"
2. 유연성: "다양한 접근 방법에는 무엇이 있을까요?"
   "그 밖에 무슨 일을 할 수 있을까요?"
   "다른 방법으로 본다면 어떨까요?"
3. 독창성: "독특한 방법에는 어떤 것이 있을까요?"
   "어느 누구도 생각하지 못한 것은 무엇일까요?"
4. 정교성: "어떤 것을 덧붙일 수 있을까요?"
   "자세한 설명을 해 보아요."
   "더 자세히 줄 수 있는 것은 무엇이 있을까요?"
5. 관찰력: "그들은 어떤 점이 같고 어떤 점이 다를까요?"
   "무엇을 빠뜨렸을까요?"
   "무슨 일이 일어날 것 같아요?"
   - 그럼 지금부터 시작해 볼까요?

토끼야 토끼야 무얼 먹고 사니?
나는 양배추 먹고 살지

원숭이야 원숭이야 무얼 먹고 사니?
나는 사과 먹고 살지

돼지야 돼지야 무얼 먹고 사니?
나는 밥을 먹고 살지

강아지야 강아지야 무얼 먹고 사니?
나는 종훈이 밥 먹고 살지

🐘 동시 놀이 1

얌얌! 맛있다!

여러 가지 동물들이 있어요. 각 동물들마다 좋아하는 음식이 다르답니다.
동물들은 무얼 먹고 사는지 적어보고 이야기 해 보세요.

토끼야 토끼야 무얼 먹고 사니?

나는 _____ 먹고 살지

원숭이야 원숭이야 무얼 먹고 사니?

나는 _____ 먹고 살지

돼지야 돼지야 무얼 먹고 사니?

나는 _____ 먹고 살지

강아지야 강아지야 무얼 먹고 사니?

나는 _____ 먹고 살지

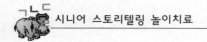

 동시 놀이 2

무슨반찬?

토끼들이 맛있는 도시락을 싸가지고 소풍을 가요. 토끼들의 도시락 안에는 어떤 음식이 들어있을까요? 신문지나 잡지에서 음식을 찾아 오려내어 붙여보세요.

사이 좋은 친구

팔랑팔랑 나비
꽃잎에 앉아

소곤소곤
속닥속닥

꿀 좀 줄래?

그럼 그럼,
꽃가루도 줄게.

끄덕이는 꽃잎에
살랑이는 봄바람

ㅡ 글 : 성현주 ㅡ

〈사이 좋은 친구〉 수업지도안

학습 목표	1. 나비와 꽃이 서로 돕는 것처럼 동물들의 공생관계를 알 수 있다. 2. 과학적 지식을 동시로 표현할 수 있다.
영역 구분	생명영역-동물
수업 방법	나비 요가 따라 하기, 휴지로 나비 만들기, 동시 암송하기
준비물	요가매트, 공생관계 그림카드, 휴지, 빵끈 또는 모루

◆ **활동준비**

- 요가하기 편한 복장으로 준비한다.
- 동물들의 공생관계 그림카드는 미리 준비해둔다.

◆ **도입**

1. 나비 요가 하기

   : 기초적인 호흡과 자세를 하며 요가를 하고, 나비의 몸짓을 몸으로 표현해보도록 한다.

   - 나비 자세 요가 참고

   1) 등을 곧게 펴고 앉는다.

   2) 양다리를 벌린 자세에서 발바닥을 서로 맞댄다.

   3) 마주 대고 있는 발을 몸 쪽으로 바싹 당기고, 두 손을 깍지 끼어 두 발끝을 감싼다.

   4) 양쪽 무릎을 위아래로 움직이면서 나비의 날개라고 상상할 수 있도록 지도한다.

   *참고서적: 멘쉔킨더르 놀이시리즈2 『나는야 꼬마요가』 다리미디어

◆ 전개

1. 수수께끼 내기

: 나는 꽃을 좋아하는 곤충이에요.

아주 화려한 날개를 가지고 있어서 팔랑팔랑 날아다니지요.

긴 대롱으로 꽃의 꿀을 빨아먹는 나는 누구일까요?

2. 동시 들려주기 & 동시 피드백

: 교사가 동시를 낭독하고 어르신들은 눈을 감고 감상한다.

어르신들이 따라 할 수 있도록 한 구절씩 낭독한다.

느낌 가지며 동시 낭독하기

: 흉내 내는 말 팔랑팔랑, 소곤소곤, 속닥속닥에 동작을 생각해보고 동작을 하며

동시를 읽어본다.

3. 나비에 대해 이야기나누며 활동지(8-1)로 나비와 꽃 만들기

: 나비의 특징과 습성을 알고, 색종이를 이용하여 꽃을 만들고 휴지를 이용하여

나비를 만들어본다.

- 나비의 날개에는 고운 비늘가루가 있어서 날개를 보호해 줘요.

비늘가루는 지방분이 많아서 방수역할을 해주기 때문에 비가 와도 날 수가

있지요.

- 나비의 날개는 체온조절을 할 수 있어요.

날씨가 따뜻할 때는 햇빛을 받을 수 있도록 날개를 활짝 피고 있어요.

- 나비는 어떻게 꿀을 있는 꽃을 찾을 수 있을까요?

나비의 다리에는 꿀처럼 달콤한 단맛을 찾아낼 수 있는 기관이 있어서 다리

로 꿀을 찾아요.

- 휴지를 이용한 나비 만들기는 이렇게 해보세요.

: 휴지로 부채 접기를 하고 가운데를 모아준다.

빵끈이나 모루를 길게 잘라 가운데에 고정을 시키고 더듬이를 만든다

완성된 나비는 풀을 붙여 활동지에 붙인다. 사인펜으로 나비의 날개를 꾸며

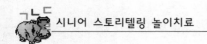

줘도 좋다.

나비의 신체적 특징

- 나비는 날개가 두 쌍, 더듬이가 한 쌍으로 색깔과 모양이 다양해요.
- 긴 대롱으로 꽃 속의 꿀을 빨아 먹어요.

  나비와 꽃은…

- 꽃가루가 나비의 몸에 묻고, 나비가 다른 꽃으로 날아가면 몸에 묻었던 꽃가루가 새 꽃에 묻어 수정이 된다.

4. 나비와 꽃처럼 서로 돕고 사는 동물은 무엇이 있을까?

   : 준비한 공생관계 카드를 보여주며, 서로 어떻게 도와주며 사는지 이야기 해본다.

   공생관계의 동물들처럼 나도 다른 사람에게 어떤 도움을 줄 수 있는지 생각해보고 이야기한다.

#흰동가리와 말미잘–

나는 흰동가리라는 물고기에요. 독이 있는 말미잘의 보호를 받는 대신 말미잘의 먹이를 유인해줘요

나는 면역이 있어서 말미잘의 독에 견딜 수 있어요.

#악어와 악어새–

악어새는 악어의 이빨을 청소해 주면서 찌꺼기를 먹이로 먹어요.

#곰치와 청소놀래기–

나는 곰치에요. 청소 놀래기가 입 안을 청소해줘서 시원해요. 대신 청소 놀래기를 지켜줘요

5. 나비의 부분명칭 알아보기 활동지 (8-2)

   : 나비를 관찰하며 나비의 부분명칭에 대해 알아본다.

◆ **마무리**

서로 도와주며 사는 동물들에 대해 다시 한 번 이야기 나누어보기를 한다.

나는 누구에게 어떻게 도와줄 수 있는지에 대해서도 이야기 하며 아래와 같이 이야기를 해본다.

- 나는 청소하는 사람을 도와줄 수 있어요.
- 나는 혼자 놀고 있는 친구와 같이 놀아줄 수 있어요 등

〈사이 좋은 친구〉 동시를 낭독해보고 친구들과 사이 좋은 친구가 될 수 있도록 약속한다.

◆ **Review & Tip**

자연에서 얻은 작은 것들로 곤충 만들기를 해 봐요.

나뭇잎, 잔가지, 꽃, 씨앗, 돌멩이 등으로 나비를 만들어볼까요?

밖에 나가 즐기면서 여러 가지 자잘한 것들을 모아 바닥에 펼쳐놓고 나비를 만들어보세요.

수업에서 익힌 부분명칭을 다시 한 번 기억하며 만들어보면 아주 유익한 학습이 되겠지요?

🐹 동시 놀이 1

나랑 친구하자!

팔랑팔랑 나비와 꽃은 사이 좋은 친구지요.
색종이를 찢어 꽃을 만들어 붙이고 휴지를 이용하여 나비를 만들어 붙여보세요.

🐗 동시 놀이 2

돋보기로 보았더니!

나비를 자세히 살펴보고 색칠을 해 보세요.

부분명칭을 알아보고 명칭을 잘라내어 해당하는 곳에 붙여보세요.

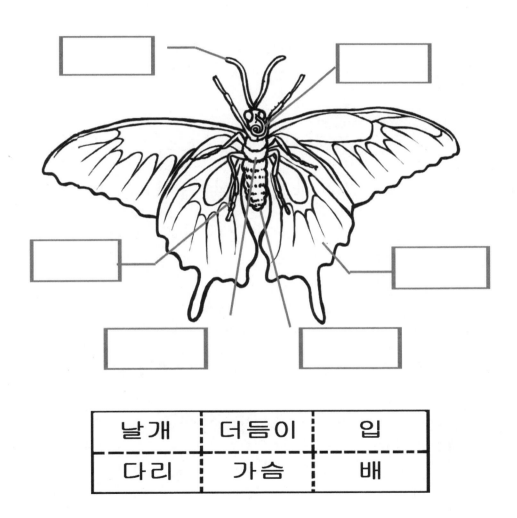

날개	더듬이	입
다리	가슴	배

뚝딱뚝딱 집짓기

벌처럼 해 봐요

밀랍으로 촘촘히

육각형 집짓기

거미처럼 해 봐요

꽁무니에서 실 뽑아

그물 모양 집 짓기

제비처럼 해 봐요

지푸라기 얹고 흙 발라

바구니 모양 집짓기

- 글 : 성현주 -

〈뚝딱뚝딱 집 짓기〉 수업지도안

학습 목표	1. 여러 가지 동물의 집을 알고 특징을 언어로 표현해 볼 수 있다. 2. 과학적 지식을 동시로 표현할 수 있다.
영역 구분	생명영역-동물
수업 방법	벌의 움직임 표현하기, 국수로 거미줄 만들기, 동시 암송하기
준비물	왕벌의 비행 CD (림스키코르사코프), 국수, 목공풀

◆ **활동준비**

　– 왕벌의 비행 음악을 준비해둔다.

　– 거미줄 만들기에 사용할 국수는 잘라지지 않은 것으로 준비한다.

◆ **도입**

1. 노래 부르가–꿀벌의 여행 참고

　: 노래를 부르며 꿀벌을 힘차게 표현할 수 있도록 한다.

◆ **전개**

1. 음악 감상하고 몸으로 표현하기

　: 왕벌의 비행을 듣고 난 후 음악에 대한 이야기를 하고, 꿀벌의 비행을 몸으로 표현해본다.

　– "음악을 들어보니 어떤 생각이 들까요?", "어떤 곤충에 대한 이야기 일까요?"

　– "이 음악은 러시아의 음악가 림스키코르사코프라는 사람이 만든 곡입니다. 제목은 왕벌의 비행이지요.

　　난파선을 타고 왕자가 악마의 섬에 도착하는데, 거기서 꿀벌의 공격을 받은 백조를 구한답니다.

　　백조는 아리따운 공주로 변하고 왕자와 결혼을 하지요. 다시 한 번 음악을 듣고 꿀벌이 어떻게 날아다니는 것 같은지 흉내 내어 볼까요?"

2. 동시 들려주기 & 동시피드백

: 교사가 동시를 낭독하고 어르신들은 눈을 감고 감상한다.

어르신들이 따라 할 수 있도록 한 구절씩 낭독한다.

– 벌, 제비, 거미처럼 집 짓기 외에 어떤 동물 집을 지어보고 싶은지 이야기 해
보고 이야기 한 동물 집 짓기 동시를 지어본다.

"개미처럼 해 봐요

영차영차 땅을 파고 맛있는 음식 가져다

튼튼한 땅 속 집 짓기"

3. 여러 가지 동물의 집에 대해 이야기 나누며 활동지(9-1)로 집 찾기

: 벌, 거미, 제비, 강아지의 집을 찾아 연결해보는 활동이다.

동물들의 집

– 벌은 배 아래에 있는 샘에서 나오는 밀랍으로 벌집을 만들어요.

육각형 모양의 방을 여러 개 만들어 커다란 벌집이 되는 것이지요.

– 거미는 배의 꽁무니에서 뽑아낸 실로 거미줄을 치는데, 그 모양은 매우 다양
하답니다.

– 제비는 진흙과 마른 풀, 그리고 제비 체액을 섞어서 더 단단한 둥우리를 지
어요.

4. 거미가 줄을 타고 (활동지 9-2) 국수로 거미줄 만들기

: 거미의 특징과 습성을 알아보고 국수를 이용하여 멋진 거미줄을 만들어보는
활동이다.

거미줄 만들기는 이렇게…

– 국수를 거미줄의 길이에 맞게 자른다.

– 목공풀을 이용하여 국수를 활동지 위에 자유롭게 붙여 거미줄을 만든다.

– 색종이로 거미를 만들어 거미줄 위에 붙인다.

– 만든 거미의 다리는 사인펜이나 볼펜으로 8개 그려준다.

5. 벌처럼, 거미처럼, 제비처럼

: 어떤 소리를 내면서 집을 지을까? 상상을 하며 소리를 흉내 내어본다.

- 집 짓는 벌은 어떤 소리 낼까요? 윙윙윙 윙윙윙 윙이이이이이윙
- 집 짓는 거미는 어떤 소리 낼까요? 치치치 호호호 삐리삐리 빠바바
- 집 짓는 제비는 어떤 소리 낼까요? 지지배배 지지배배 지지배배 지지배배

◆ 마무리

여러 동물들의 집에 대해 이야기 해 보고 동시를 낭독해본다.

땅 위와 땅 속, 나무 위와 물 속 등 등 여러 곳의 집에는 어떤 동물들이 사는지 다시 한 번 이야기 한다.

퀴즈를 내어 많이 맞춘 어르신에게 큰 박수를 쳐주며 마무리한다.

◆ Review & Tip

왕벌의 비행 〈술탄 황제의 이야기〉 줄거리 옛날 어느 나라에 술탄이란 황제가 살았다. 이 나라의 제일가는 부자 삼인에게는 세 딸이 있었다.

술탄황제는 세 딸들 중에서 가장 아름다운 막내를 왕비로 맞아들였다. 두 언니들은 동생이 왕비가 된 것을 몹시 질투했다. 어느 날 술탄 황제가 전쟁 때문에 궁궐을 비우게 되었다. 그 사이에 두 언니들은 왕비에 대한 나쁜 소문을 퍼트렸다. 전쟁에서 돌아온 황제는 소문만 믿고 화가 나서 왕비와 어린 왕자를 나무통 속에 넣고 바다에 던져버렸다. 불행 중 다행으로 왕비와 왕자가 들어있던 나무통은 마법에 쌓인 어느 섬에 닿았다. 간신히 살아남은 왕비는 왕자를 건강하게 잘 키웠다. 세월이 흘러 왕비와 왕자는 지난날의 슬픔을 다 잊고 마법의 섬에서 평화롭게 살았다. 그러던 어느 날……. 왕비와 왕자는 해변을 거닐다가 백조 한 마리를 발견했다. 백조는 땅벌떼들에게 마구 쏘여 다 죽어가고 있는 것이었다. 깜짝놀란 두 사람은 백조를 구해주었다. 백조는 자신을 구해 준 왕비와 왕자에게 감사하며 그 보답으로 세 가지 선물을 했다. 첫 번째 선물은 다람쥐였다. 이 다람쥐는 금과초록색 보석으로 만든 열매를 따다 주었다. 두 번째는 33명의 무사들을 신하로 주었다. 마지막으로 백조는 아름다운 공주로 변하여 왕자의 신부가 되었다. 〈왕벌의 비행〉은 오페라 '술탄 황제 이야기(1899년에 시작되어 1900년에 완성) 중 제 2막1장에서 연주되는 곡이다. 곡의 제목에서 알 수 있듯이 벌이 나는 장면을 바로 느낄 수 있도록 잘 묘사해 놓았다는 점에서 극찬을 받는 곡이다.

〈뚝딱뚝딱 집 짓기〉 수업지도안 2

동   화 : 뚝딱뚝딱 집 짓기
학습목표 : 동물들의 집의 모습을 이해하며, 동시를 노래로 만들어 본다.
수업영역 : 질문놀이 / 음률
수업지도 : 내가 살고 싶은 집은? / 사다리를 타고 내려 갔더니!

🍎 생각 꺼내기

1. 이야기 나누기

   T : 우리는 밤이 되면 모두 어디로 가나요? /

   C : 집으로 가요.

   T : 그럼, 우리가 사는 집은 누가 지어 주었나요?

   C : 집을 잘 만드는 건축가가 만들어 주었어요.

   T : 동물들의 집은 누가 지어 줄까?

   ☞ 동물들은 집을 어떻게 짓고 사는지에 대하여 이야기 나눈다.

🍎 생각 풀기

1. 동시 들려주기

2. 이야기 나누기

   T : 동시 속에 나오는 벌, 제비, 거미집을 본 적이 있나요?

   C : 그림책 속에서 보았어요. 시골에서 보았어요.

      (교사는 미리 준비한 벌, 제비, 거미집의 그림을 제시하여 준다.)

   T : 우리는 어떤 집에서 살고 있나요?

   C : 아파트에서 살고 있어요. 빌라에서 살고 있어요. 등…

3. 노래로 만들어 보아요.

① 동시에 단어를 추가하여 노래로 만들어본다. ('나처럼 해 봐요'에 맞추어)

㉠ 벌처럼 해 봐요. 요렇게 / 밀랍으로 촘촘히 요렇게 /

육각형 집짓기 재밌다. /아이참, 신기하구나. /

㉡ 제비처럼 해 봐요. 요렇게 / 지푸라기 얹고 흙 발라 /

바구니 모양 집짓기 / 아이참, 재미있구나. /

㉢ 거미처럼 해 봐요. 요렇게 / 꽁무니에서 실 뽑아 /

그물 모양 집짓기 재밌다. / 아이참, 신구하구나. /

② 어르신들과 율동을 함께 정하고 노래에 맞추어 표현한다.

③ 벌, 제비, 거미팀으로 나누어서 파트별로 표현 해 본다.

🍎 생각 감기

1. 활동지1 – 내가 살고 싶은 집은?

어르신이 살고 싶은 집을 활동지에 그려보고, 발표하는 시간을 갖는다.

2. 활동지2 – 사다리를 타고 내려갔더니!

① 벌, 제비, 거미가 지은 집의 모양을 이야기 해 본다.

② 사다리 타기

㉠ 사다리의 윗부분 괄호에 유아의 이름을 쓰고, 자신이 살고 있는 집을 활동지빈칸(사다리 밑 부분 상자 안에) 그린다.

㉡ 벌, 제비, 거미, 나(유아) 순으로 사다리 타기를 한다.

㉢ 사다리에서 시작한 동물과 만난 집 모양이 맞는지 확인한다.

㉣ 사다리 타기에서 확인한 이야기를 아래 문장으로 완성 시킨다.

🐹 동시 놀이 1

우리 집은 어디에 있지?

집을 잃어버린 벌, 거미, 제비, 강아지의 집은 어디일까요?
집을 찾아 연결해보세요.

동시 놀이 2

거미가 줄을 타고

거미가 줄을 타고 내려옵니다.

국수 가락을 이용하여 거미줄을 만들어 붙여보고, 거미와 거미줄에 대해 이
야기 해 보세요.

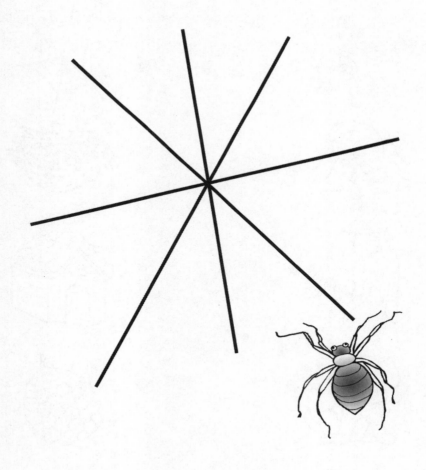

🐘 동시 놀이 3

내가 살고 싶은 집은?

동시 놀이 4

사다리를 타고 내려갔더니!

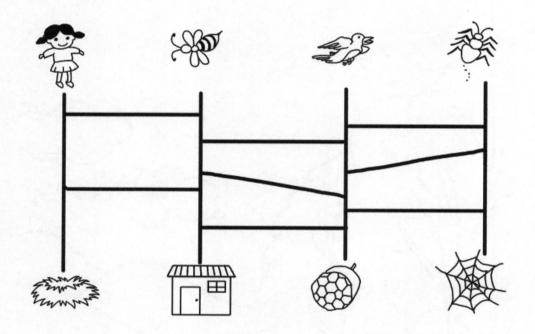

은_____ 모양 집을 짓고 살아요.

는 _____ 모양 집을 짓고 살아요.

는 _____ 모양 집을 짓고 살아요.

나는 _____ 에서 살아요.

변신쟁이

여름 여름나무는

초록 나무

우리 아빠 팔뚝처럼

힘이 넘쳐요

가을 가을나무는

알록달록 나무

우리 엄마 옷처럼

울긋불긋 하지요.

- 글 : 성현주 -

〈변신쟁이〉 수업지도안

학습 목표	1. 계절에 따라 달라지는 나무의 변화과정을 알고, 나무를 사랑하는 마음을 갖는다. 2. 브레인스토밍을 통해 나무에 대해 알 수 있다.
영역 구분	생명영역-식물
수업 방법	브레인스토밍, 신체 표현놀이(나무 흉내내기), 나뭇잎 연상놀이, 동시 암송하기
준비물	사계절 나무 사진 카드, 전지, 여러 종류의 나뭇잎

◆ **활동준비**

- 사계절에 달라지는 나무 사진을 준비한다. (같은 종류의 나무를 보여주는 게 더 효과적)
- 주변의 나뭇잎을 관찰할 수 있게 나뭇잎을 준비한다.

◆ **도입**

1. 노래 부르기–나무를 심자(윤석중 작사, 유병무 작곡 참고)
   : 노래를 부르며 힘차게 표현할 수 있도록 한다.

◆ **전개**

1. 브레인스토밍 – 나무
   : '나무'에 대한 단어 가지 만들기를 어르신들과 함께 해 본다.(교사는 전지에 어르신들이 말한 단어를 적는다.)
   - '나무'하면 무엇이 생각나나요?
   - 가장 먼저 생각나는 것을 이야기해볼까요?
   - 나무는 봄, 여름, 가을, 겨울을 지나면서 어떻게 달라지나요?
   - 나무의 종류에 대해 알아볼까요? 내가 알고 있는 나무는 무엇이 있나요?
   - 나무가 있어서 좋은 점은 무엇일까요? 또 나쁜 점도 있나요? 등등

어르신들이 말한 단어나 이야기들을 정리하며 전지에 적어보고 나무에 대한 이야기를 한다.

2. 사계절 나무 사진 보여주며 달라진 점 이야기하기

: 계절에 따라 나무의 모습이 어떻게 달라지는지 사진을 보여주고 이야기한다.

– 어떤 나무인가요? 봄의 단풍나무는 어떤 모습이지요?

– 여름이 오기까지 어떻게 변화하는지 볼까요? 어떻게 변했나요?

– 여름 단풍나무예요. 어떻게 달라졌지요? 그럼, 가을이 올 때까지 어떤 변화가 있을까요?

– 왜 단풍나무의 색은 변했을까요? 그럼, 겨울이 올 때까지 어떻게 변화할까요?

나뭇잎의 색

– 나뭇잎 속의 엽록소는 나뭇잎을 초록색으로 보이게 해요. 그런데 가을이 되면 차가워진 날씨와 강한 자외선 때문에 엽록소의 활동이 줄어들고 분해되기 시작하면서, 안토시안이라는 색소가 나와요.

바로 이 안토시안 때문에 나뭇잎이 붉어지면서 단풍이 드는 것이랍니다.

3. 동시 들려주기 & 동시피드백

: 교사가 동시를 낭독하고 어르신들은 눈을 감고 감상한다.

어르신들이 따라 할 수 있도록 한 구절씩 낭독한다.

– 어르신들이 나무가 되어 여름 나무일 때를 상상해본다.

남자 팔뚝처럼 힘이 넘치는 여름나무를 표현한다면?

여자 옷처럼 울긋불긋한 가을나무를 표현한다면?

: 신체표현을 할 때 잔잔한 음악을 틀어주어도 좋고, 다시 한번 동시를 읽어주어 표현할 수 있도록 한다.

4. 활동지(10–1)로 여름 곤충을 나무에 붙이기

: 여름에 볼 수 있는 곤충에는 무엇이 있을까요?

잎이 무성한 여름 나무에 여름에 볼 수 있는 곤충을 잘라 붙여보는 활동이다.

5. 활동지(10-2) 단풍잎과 은행잎 연상놀이

: 단풍잎과 은행잎을 보며 생각나는 것들을 그림으로 그려보는 활동이다.

– 은행잎을 보니 열심히 춤을 추고 있는 발레리나가 생각이 나요.

– 단풍잎을 보니 밤하늘의 반짝이는 별이 생각이 나요.

교사가 먼저 시범을 보이며 표현해보고 어르신들이 표현할 수 있도록 유도한다.

◆ **마무리**

브레인스토밍을 통한 나무 단어 가지 만들기를 정리하여 다시 한 번 이야기한다.

신체로 나무를 표현하며 동시를 낭독해본다.

바깥에 나가 나무를 관찰하며 나무에 대해 관심을 가질 수 있도록 한다.

◆ **Review & Tip**

우리 생활 속에 나무의 역할을 다시 한 번 알아볼까요?

어르신들과 함께 NIE활동을 해 보세요.

– 나무는 우리에게 어떤 도움을 줄까요?

– 나무가 있어서 좋은 점은 무엇일까요?

– 나무로 만들어진 것들에는 무엇이 있을까요?

– 홍수나 가뭄을 막아준다. 필요한 물건을 만들 수 있다. 공기를 깨끗하게 해 준다.

신문이나 잡지에서 나무로 만들어진 것들을 찾아 스크랩하여 나무의 고마움을 다시 한 번 느껴보세요.

어르신들과 활동한 것을 가지고 발표를 해 보세요.

자신이 만든 것을 발표하면서 단기 기억에 머무르는 지식들을 장기 기억 속에 차곡차곡 넣을 수 있는 기회가 될 수 있답니다.

나무의 고마움–

맑은 공기를 줘요. 사람들과 숲 속에 살고 잇는 동물들에게 맛있는 과일(열매)를 제공해요.

옛날에는 추울 때 따뜻하게 해 주는 땔감으로 사용했어요. 숲은 홍수나 산사태를 막아줘요.

집을 만들 수 있어요. 생활에 필요한 가구를 만들 수 있고 종이와 연필을 만들 수 있어요.

🐹 동시 놀이 1

여름 나무 친구들은 모여라!

여름에 볼 수 있는 곤충에는 어떤 것들이 있을까요?
아래 그림에서 여름에 볼 수 있는 곤충을 오려 여름 나무를 만들어보세요.

🐸 동시 놀이 2

짜잔! 요렇게 변했어요!

가을이 되면 단풍잎은 빨갛게 빨갛게, 은행잎은 노랗게 노랗게 물이 들지요.
단풍잎과 은행잎으로 무엇을 만들 수 있을지 생각해 보고 그림으로 그려보세요.

꼭꼭 먹어요

빨간 토마토
한입 먹으면
힘이 쑤욱!

하얀 무
한입 먹으면
배가 튼튼!

주황 당근
한입 먹으면
눈이 반짝!

아삭아삭 야채
꼭꼭 먹어요.

- 글 : 성현주 -

〈꼭 꼭 먹어요〉 수업지도안

학습 목표	1. 야채의 좋은 점을 알고 올바른 식습관을 기를 수 있다. 2. 친구의 다양한 생각을 수용하고 존중할 수 있다.
영역 구분	생명영역-식물
대 상	5~6세
수업 방법	가사 바꾸어 노래 부르기, 야채 얼굴 만들기, 동시 암송하기
준비물	다양한 야채, 목공풀, 과도, 거울

◆ 활동준비

- 동물카드는 무늬가 뚜렷한 동물로 준비한다.

  예) 얼룩말, 거북, 호랑이, 기린, 뱀 등등
- 기린 모양 풍선은 미리 불어둔다.

◆ 도입

1. 노래 부르기 – 냠냠(김성균 작사 작곡)참고

   : 노래를 부르며 오른쪽 악보처럼 가사를 바꾸어 불러본다.

   - 그룹을 만들어 바꿀 가사에 대한 이야기를 하고 많이 나오는 의견으로 가사를 바꾸어본다. 가사 바꾸기 활동에 어르신들이 참여하여 다양한 생각을 수용하고 존중할 수 있도록 한다.

◆ 전개

1. 음식에 대해 이야기 나누기

   : 음식을 먹은 경험에 대해 이야기를 하면서 채소에 대해 중점적으로 이야기나누기를 한다.

   - 음식은 왜 골고루 먹어야 하는 걸까요?
   - 음식은 우리에게 어떤 도움을 줄까요? 음식을 골고루 먹지 않고 내가 좋아하

는 음식만 먹는 다면 우리의 몸은 어떻게 될까요?

2. 동시 들려주기 & 동시피드백

: 교사가 동시를 낭독하고 어르신들은 눈을 감고 감상한다.

어르신들이 따라 할 수 있도록 한 구절씩 낭독한다.

느낌 가지며 동시 낭독하기

: 힘이 쑤욱, 배가 튼튼, 눈이 반짝에 동작을 생각해본다.

힘이 쑤욱 – 두 팔을 어깨만큼 올려서

배가 튼튼 – 양 손으로 배를 튕긴다

눈이 반짝 – 두 눈을 크게 뜨고 양 손으로 반짝반짝

- 동작을 통해 동시를 재미있게 낭독할 수 있다.

3. 활동지(11-1)로 몸이 건강해지는 음식 찾아보고 이야기하기

: 우리의 몸을 건강해지게 하는 음식에는 어떤 것들이 있을지 찾아보고 이야기 하는 활동이다.

- 야채에는 우리 몸에 꼭 필요한 영양소가 있어요.
- 당근에 들어있는 비타민 A는 눈을 보호하게 하지요.
- 토마토는 몸의 면역력을 높여주지요.

4. 어떤 야채가 있을까?

: 준비한 야채를 관찰해보고 직접 잘라본다.

- 당근, 양파, 시금치, 무 등의 채소를 만져보고 모양, 색에 대해 이야기한다.
- 과도로 조심조심 관찰한 채소를 잘라보고 먹어본다.

5. 활동지(11-2)로 야채 얼굴 만들기

: 준비한 야채를 이용하여 나의 얼굴을 만들어보는 활동이다.

- 거울을 보며 나의 얼굴을 자세히 살펴본 후 어떤 야채로 나의 얼굴을 꾸밀지 생각한다.
- 여러 가지 야채를 이용하여 눈, 코, 입을 표현해보고 목공풀로 붙인다.

땅속 줄기와 뿌리를 먹는 야채 - 당근, 감자, 고구마, 무

– 당근의 뿌리는 긴 원뿔 모양으로 주황색이며, 달콤하고 향기가 있어요.
그리고 당근은 뿌리가 긴 것과 짧은 것이 있으며, 색깔은 빨강, 주황 등 여러
가지가 있어요.
초여름 희고 작은 꽃을 무리 지어 피우고 씨앗이 열리면 땅 위의 줄기는 시
들어 버린답니다.

– 감자는 신선한 기후에서 잘 자라는 식물이에요. 씨감자를 심은 뒤 한 달 뒤
가 되면 싹이 나요.
땅 속 줄기에서 감자가 나오는 것을 한 그루에서 10~15개 정도랍니다.

열매를 따서 먹는 야채 - 오이와 가지

– 오이는 인도와 히말라야산이 원산지에요. 우리나라에는 삼국시대부터 재배
되었지요. 오이의 어린 열매에는 센 털이 많이 나 있기 때문에 까칠까칠하
며 줄기에는 덩굴손이 있어 다른 물체를 감으면서 자라나요.
그리고 오이는 씨를 뿌려서 수확할 때까지 약 60일이 걸려요.

– 가지는 인도가 원산지이며, 열매 야채 중에 높은 온도를 좋아하는 야채예요.
보랏빛의 가지는 나물로 해서 먹거나, 기름에 지지거나, 말려서 먹는 야채
예요.

◆ **마무리**

냠냠 노래를 다시 한 번 불러보고 바꾼 가사의 냠냠 노래도 불러보며 야채의 소
중함과 골고루 먹는 식습관에 대해 다시 한 번 이야기를 해 본다.
'꼭꼭 먹어요' 동시를 동작을 넣어 다시 한 번 낭독하고 마무리한다.

◆ **Review & Tip**

야채가 싫다고 하면 과일을 많이 먹인다고요?
야채나 과일은 모두 비타민 C의 중요한 공급원이지만, 야채와 과일의 성분에는

분명 차이가 있어요.

당근, 호박 등 녹황색 야채에는 감기 예방에 좋은 비타민 A가 풍부하지만, 과일에는 그다지 많이 들어 있지 않고 또 녹색 잎 야채들에는 칼슘도 들어 있지만, 칼슘이 들어 있는 과일은 거의 없지요.

즉 과일이 야채의 대용품은 아니므로, 야채를 잘 먹지 않는 어르신에게는 좀 더 특별하고 세심한 조리법을 활용 하는 지혜가 필요하답니다.

동시 놀이 1

맛있게 냠냠, 무엇을 먹을까?

어떤 음식을 먹어야 우리의 몸이 튼튼해질까요? 먹으면 몸이 건강해지는 음식을 찾아 ○표시를 하고 어디에 좋은지 이야기 해 보세요.

무엇을 먹을까?

동시 놀이 2

우와! 멋있죠?

내 얼굴을 여러 가지 야채로 꾸며보면 어떨까요? 여러 가지 야채를 이용하여
얼굴을 만들며 야채의 좋은 점에 대해 이야기 해 보세요.

깜짝 놀랐네

먹구름과 먹구름이
부딪히면
번개가 번쩍번쩍!

눈 깜박할 사이에
번쩍번쩍!

번개와 번개가
지나가면
천둥이 우르릉 쾅쾅!

눈 깜박할 사이에
우르릉 쾅쾅!

― 글 : 성현주 ―

〈깜짝 놀랐네〉 수업지도안

학습 목표	1. 번개와 천둥의 생성과정을 알 수 있다. 2. 과학적 지식을 동시로 표현할 수 있다.
영역 구분	지구영역-날씨
수업 방법	천둥번개 노래하며 손유희, 번개 만들기, 동시 암송하기
준비물	천둥번개 사진 자료, 김, 색종이

◆ **활동준비**

– 천둥번개 사진 자료를 미리 준비해둔다.

– 조미되지 않은 김으로 준비해둔다.

◆ **도입**

1. 천둥번개 노래 부르며 손유희 하기

  : Are You Sleeping? 노래에 천둥번개 가사를 대입하여 부르고 손유희 를 해 본다.

> 천둥번개 천둥번개 〈도레미도 도레미도〉/
> 두 손을 머리 위에서 아래로 흔들면서 내린다.
> 우르르르 우르르르 〈미미 파솔~ 미미 파솔~〉/
> 두손을 얼레(연 날릴 때 쓰는 실 감는 물건)돌리듯 돌린다.
> 번쩍번쩍번~쩍 번쩍번쩍번~쩍 〈솔라솔파미~도 솔라솔파미~도〉 /
> 위 아래에서 왼쪽 오른쪽 상 좌우/하
> 쿵!쿵!쿵~쿵!쿵!쿵~ 〈도!(낮은)솔!도~ 도!(낮은)솔!도~〉/
> 두 손 주먹 쥔 상태에서 못에 망치 때리듯 두 주먹끼리 상하로 왼쪽 오른쪽
> 에서 한번씩 주먹끼리 못을 박는다.

◆ **전개**

1. 천둥과 번개는 어떻게 생길까?

: 사진자료를 보며 천둥과 번개의 생성과정을 알아본다.

천둥 – 바람을 타고 다니는 센 비구름의 알갱이들이 움직이면서 물방울들이 갈라지거나 얼음알갱이들이 부딪칠 때 일어나는 소리

번개 – 구름과 구름, 구름과 대지 사이에서 일어나는 방전현상을 가리킨다. 번개는 소나기구름에서 일어나며, 천둥을 동반한다.

천둥과 번개는 항상 같이 발생해요. 빛이 소리보다 빨리 이동하기 때문에 번개가 치고 나서 조금 있다가 천둥소리를 들을 수 있는 거랍니다. 비 오는 날, 번개가 친 다음, 하나 둘 셋 하며 천둥을 기다리는 놀이를 하면 무서움을 조금 없앨 수 있답니다.

2. 동시 들려주기 & 동시피드백

: 교사가 동시를 낭독하고 어르신들이 눈을 감고 감상한다.

어르신들이 따라 할 수 있도록 한 구절씩 낭독한다.

느낌 가지며 동시 낭독하기(챈트)

: 번쩍번쩍, 우르릉 쾅쾅에 동작을 생각해본다.

번쩍번쩍, 우르릉 쾅쾅이 나오는 부분에 동작을 해본다.

동시를 외울 때 낭독할 때 동작이 가미되면 좀 더 재배울 수 있다.

3. 활동지(12-1)로 천둥번개의 생성과정을 알아보기

: 물방울을 색칠하며 천둥번개의 생성과정을 알아보는 활동이다.

비가 내리는 이유는 무엇일까요?

– 구름 속에 있는 작은 물방울들이 차츰 많이 합쳐져서 무거워 지면 땅으로 떨어진다. 즉, 구름 속에서 수증기가 물방울로 변하면 비가 되어 내린다.

구름은 왜 생길까요?

구름은 햇빛에 의해 더워진 땅이나 바다 주변의 공기가 하늘로 높이 올라가는 동안에 식으면서 만들어진다. 시냇물, 강, 바다 등에 햇빛이 내리 쬐면 더운 공

기가 일부는 땅으로 스며들고 일부는 하늘로 올라가서 찬 공기와 만나면 구름이 생긴다.

4. 활동지(12-2)우르릉 쾅쾅 밤하늘 번개 만들기

: 준비물 - 김, 색종이, 풀

- 활동지에 김을 찢어 붙여 깜깜한 밤하늘을 꾸민다.
- 꾸민 밤하늘에 노란색종이를 이용하여 번개를 만들고 붙여본다.
- 우르릉 쾅쾅 천둥 번개 치는 날씨를 상상하며 어떻게 해야 하는지 이야기를 한다.

길을 지나가다 천둥번개가 칠 때는 이렇게 하세요.

- 천둥이나 번개가 칠 때에는 우산을 쓰지 말고 전신주, 큰 나무 밑은 피신하지 말고 낮은 곳으로 가거나 큰 건물 안으로 대피하고, 물에 잠긴 도로에는 눈에 보이지 않는 맨홀, 하수도 등 위험한 곳이 도사리고 있으니 가급적 피하고 조그만 개울이라도 건너지 말고 안전한 도로를 이용한다.

◆ 마무리

Are You Sleeping? 노래에 맞춰 천둥번개 노래를 하며 손유희 를 해본다.
활동지의 천둥과 번개의 생성과정을 다시 한 번 살펴보며 천둥번개가 칠 때 어떻게 해야 하는지 다시 한 번 이야기 나누기를 한다.
동작을 넣어 깜짝 놀랐네 동시를 낭독하고 마무리한다.

◆ Review & Tip

천둥과 번개가 치고 난 후 어떤 일이 일어날까요?
지금부터 '다음 일 예상하기' 놀이를 해 보아요.
이 놀이는 다음에 무슨 일이 일어날 지 어르신이 예상을 해 보고 그림이나 글로 표현하는 놀이에요.
천둥과 번개가 치고 난 후 어떤 일이 일어났을까요?

천둥과 번개가 치는 순간 배경을 머릿속으로 그려보세요.

우산을 쓴 남자가 걸어가고 있고, 주변에는 나무 한 그루와 집 한 채가 있습니다.

하늘에서는 장대비가 쏟아지고 있고 금새 주변은 까맣게 어두워졌습니다.

천둥번개가 치는 순간을 상상해보고, 그림으로 그려보세요.

어르신이 표현한 그림이나 글을 이야기해보고 다른 상상도 들어보는 기회를 가져보는 것은 어르신들의 창의성과 상상력을 키우는데 도움이 된답니다. 어르신에게 나름대로 이야기를 만들어보게 하고, "그 다음엔 어떻게 되었을까요?"라고 물어보면 어르신들은 더 많은 상상과 창의력을 키워나가겠지요?

🐗 동시 놀이 1

천둥과 번개가 만나면!

천둥과 번개는 어떻게 생길까요?

물방울을 색칠하며 천둥과 번개에 대해 알아보세요.

🐘 동시 놀이 2

우르릉 쾅쾅!

깜깜한 밤하늘에 비구름이 몰려오더니 천둥 번개가 치고 있어요.
김을 이용하여 밤하늘을 꾸며보고 색종이를 이용하여 번개를 만들어 꾸며보세요.

눈송이 꽃송이

구름이 추워서

덜덜 떨면

눈이 내려요

별 모양

꽃 모양

송이송이 눈송이

가만가만

밟으면

하얀 소리 나지요

ー 글 : 성현주 ー

〈눈송이 꽃송이〉 수업지도안

학습 목표	1. 겨울에 눈이 내리는 이유와 눈의 종류, 눈의 결정체에 대해 알 수 있다. 2. 과학적 지식을 동시로 표현할 수 있다.
영역 구분	지구영역-날씨
수업 방법	눈 만들기, 발자국 찾기, 동시 암송하기
준비물	눈 결정체 사진 자료, 검은 벨벳 조각, 먹는 김, 작은 플라스틱 접시, 확대경

◆ **활동준비**

　– 검은 벨벳 조각을 30*30정도의 크기로 준비한다.

◆ **도입**

　1. 노래 부르기 – 하얀 나라(김성균 작사 작곡) 참고

　　: 노래를 부르며 눈 내리는 하얀 나라를 상상해본다.

◆ **전개**

　1. 눈에 대해 이야기 나누기

　　: 눈을 본 경험에 대해 이야기 나누기를 하며 눈에 대해 알아본다.

　　– 눈은 어느 계절에 내리나요?

　　– 무슨 색이지요?

　　– 만져봤을 때 느낌은 어땠나요?

　　– 눈은 왜 하얀색일까요?

　　– 눈은 어떻게 생길까요? 등에 대해 이야기나누기를 한다.

눈은 왜 하얀색일까?: 눈 결정은 매우 섬세한 구조를 이루고 있어서 빛이 반사하거나 굴절할 수 있는 면을 무수히 가지고 있다. 따라서 눈은 희게 보이지만 공기 중에 부유하고 있는 먼지나 미생물이 붙으면 붉은색 ·노란색 또는 검은색으로 착색되는 경우가 있다. 즉 눈이 하얀 이유는 빛을 잘 반사하는 구

조로 이루어져 있기 때문입니다. 눈은 어떻게 만들어질까?: 눈이 오는 원리를 이해하려면 비가 오는 원리부터 알아야 합니다. 비는 대기중의 수증기가 서로 뭉쳐서 지름 0.2mm 이상이 되면 지상으로 떨어지는 것을 말합니다. 하지만 날씨가 추워져서 0도 이하로 떨어지면 내리는 비가 얼면서 서로 엉켜 붙어서 눈송이를 이루게 됩니다. 눈송이의 크기는 보통 1cm 정도이지만 수천 개의 눈 결정이 엉겨 붙어서 된 수십 cm의 눈송이가 관측된 사실도 있다고 합니다. 흔히 말하는 함박눈은 포근한 날에 잘 내리며, 눈송이가 커서 잠시 동안에 온 세상을 은세계로 만들고요 매우 추운 날에는 큰 눈송이로 성장하지 못한 가루눈이 내립니다. 함박눈은 끈기가 있어서 잘 뭉쳐지지만, 가루눈은 끈기가 없어서 잘 뭉쳐지지 않습니다. 가끔은 하나하나의 눈 결정이 엉겨 붙지 않고 내리는 것이 관측되는데 이걸 보통 싸락눈이라고 합니다.

2. 동시 들려주기 & 동시피드백

: 교사가 동시를 낭독하고 어르신들은 눈을 감고 감상한다.

어르신들이 따라 할 수 있도록 한 구절씩 낭독한다.

3. 눈송이는 어떻게 생겼을까?

: 실험을 통해 눈송이와 눈 결정체를 관찰해보는 활동이다.

준비물: 검은 벨벳, 셀로판테이프,플라스틱 접시, 확대경

1) 벨벳천을 보송보송한 면이 밑으로 가게 펼쳐놓고 그 위에 접시를 뒤집어 놓는다. 접시 바깥쪽이 나와 있는 헝겊을 접시바닥 위로 접어 올려 테이프로 고정시킨다. 접시를 뒤집었을 때 표면이 팽팽해야 한다.

2) 냉동고에 30분이상 넣어둔다.

3) 완성된 눈송이받이를 꺼내면 한참 동안 눈송이를 볼 수 있다.

확대경을 이용하여 보면 결정체를 볼 수가 있다.

4. 활동지(13-1)눈의 생성과정을 알아보며 눈 결정체 그리기

: 눈 내리는 풍경을 상상하며 실험을 통해 본 눈 결정체를 그려보는 활동이다.

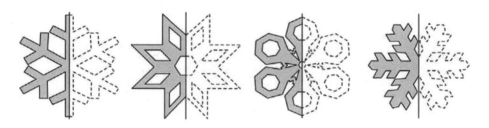

〈다양한 눈 결정체〉

5. 활동지(13-2) 눈 위에 찍힌 발자국의 주인공 찾기

: 눈 위에 찍힌 강아지, 말, 병아리, 사람의 발자국을 찾아보는 활동이다.

◆ 마무리

하얀 나라 노래를 부르며 눈의 생성과 눈 결정체에 대해 이야기 나누기를 한다.
눈송이 꽃송이 동시를 낭독하고 마무리한다.

◆ Review & Tip

눈 위에 그림 그리기

준비물: 여러 가지 색깔의 물감이 담긴 분무기, 눈

– 자국이 없는 깨끗한 눈이 있는 곳에 그림 그릴 곳을 정하고 분무기에 색깔물
 을 넣어서 준비한다.

– 분무기를 세게 누르면 물감이 어떻게 나올까요?, 눈 위에 물감을 뿌리면 어떤
 무늬가 만들어질까요?

– 분무기로 물감을 뿌리며 눈에 물감이 스며드는 모양과 녹는 모양을 관찰한다.

– 눈에 물감을 뿌려보니 눈이 어떻게 되었나요? 왜 그렇게 되었을까요?

– 분무기로 그린 그림을 감상한다.

 * 도움말: 여러 개 물건을 눈 위에 놓고 물건 위에 분무기로 물감을 뿌린 후
  물건을 들어 내보는 활동을 해 본 후 어떤 모양이 나오는지 관찰 해 볼 수
  있다.

동시 놀이 1

자세히! 자세히!

온 세상이 하얗게 눈이 내리고 있어요.

눈을 자세히 살펴보고 눈 결정체를 그려보세요.

🐘 동시 놀이 2

누구의 발자국일까?

하얀 눈 위로 발자국이 있어요. 누구의 발자국일까요?
발자국의 주인공을 찾아 연결해 보세요.

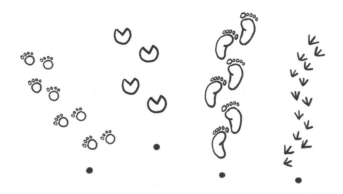

달 탐험

달 탐험을 떠나자!

공기도 없는 달

아무도 살지 않는 달

달 탐험을 떠나자!

움푹움푹 자국이 있는 달

울퉁울퉁 바위가 있는 달

달 탐험을 떠나자!

빙글빙글 지구를 도는 달

매일매일 얼굴이 바뀌는 달

- 글 : 성현주 -

〈달 탐험〉 수업지도안

학습 목표	1. 달의 변화의 원인을 알고, 모양과 특징을 알 수 있다. 2. 과학적 지식을 동시로 표현할 수 있다.
영역 구분	지구영역-날씨
수업 방법	식빵 달 만들기, 동시 암송하기
준비물	달의 변화 사진 자료, 식빵 3장

◆ **활동준비**

　– 달의 변화 사진 자료를 미리 준비해둔다.

◆ **도입**

　1. 노래 부르기– 달(윤석줄 작사 권길상 작곡) 참고

　　: 노래를 부르며 달의 변화를 생각해본다.

　　　동쪽에서 떠서 서쪽으로 진다.

◆ **전개**

　1. 달에 대해 이야기 나누기

　　: 달의 변화 사진 자료를 보고, 무엇이 생각나는지, 달에 대한 경험을 이야기한다.

　　– 달의 모습을 보면 무엇이 생각나나요?

　　– 달의 모양이 다른 이유는 무엇일까요?

　　: 달이 지구 주위를 돌기 때문에 햇빛이 안 비치는 반대쪽엔 그림자가 생겨 어

　　　둡게 되지요.

　　　어두운 부분이 달이 있는 위치에 따라 달라지게 된답니다.

　　– 달의 모양이 변화된 모습에 따라 어떻게 이름을 가지고 있을까요?

　　– 달에는 무엇이 있을까요?

　　– 달에 가본 사람을 있을까요?

– 달이 뜨고 지는 건 무엇 때문일까요?

: 달이 뜨고 지는 건 지구의 자전 때문입니다.

◐ **초승달** : 음력 3일경 태양이 진 후 서쪽하늘에서 잠시 보이다 지는 달.

◑ **상현달** : 음력 7, 8일경 정오에 떠서 자정에 지는 달.

● **보름달** : 음력 15일 태양이 질 때 동쪽하늘에서 뜨는 달.

◑ **하현달** : 음력 22, 23일경 자정에 떠서 정오에 지는 달.

◐ **그믐달** : 음력 26, 27일경 해뜨기 직전에 동쪽하늘에서 먼저 뜨는 달.

2. 활동지(14-1)요술쟁이 달로 달의 변화 알아보기

: 달의 변화된 모양에 따라 부르는 이름이 다름을 알고, 해당하는 달 모양에 이름을 붙여보는 활동이다.

달

– 달에는 공기도 없고 낮과 밤의 기온 차가 무척 커요.

– 달의 실제 모양은 항상 둥글지만 모양이 달라 보여요. 이것은 태양, 달, 지구가 서로 어떤 위치에 있느냐에 따라 달이 빛나는 부분의 모양이 달라져 보이기 때문입니다.

– 보름달에서 다시 보름달이 되려면 29.5일이 걸린답니다.

2. 동시 들려주기 & 동시피드백

: 교사가 동시를 낭독하고 어르신들이 눈을 감고 감상한다.

어르신들이 따라 할 수 있도록 한 구절씩 낭독한다.

3. 활동지(14-2)로 달 동시 짓기

: 달의 변화된 모양을 소재로 동시를 지어본다.

> # 달
>
> 달 달 보름달로 무얼 만들까?
> 달 달 보름달로 사과 만들지
>
> 달 달 반달로 무얼 만들까?
> 달 달 반달로 만두 만들지
>
> 달 달 초승달로 무얼 만들까?
> 달 달 초승달로 눈썹 만들지

4. 식빵으로 만들어보는 달

   : 식빵 3장을 이용하여 보름달, 반달, 초승달을 만들어보고 달의 변화를 다시
     한 번 알 수 있다.

◆ 마무리

달의 변화와 명칭을 다시 한 번 정리해보고 이야기 나눈다.
달나라 여행을 떠날 때 지구에서 가지고 가고 싶은 것은 무엇인지, 그 이유에
대해서도 이야기해본다.
달 탐험 동시를 낭독하고 마무리한다.

◆ Review & Tip

자연이 알려주는 내일의 날씨- 달무리
기상캐스터가 아니더라도 자연을 조금만 잘 관찰하면 날씨를 멋지게 예보할 수
있답니다.

밤하늘에 뜬 둥그런 보름달을 올려다 본 적이 있나요?

하늘이 맑고 달이 환하게 빛나고 있다면 맑은 날씨가 이어진다는 뜻이에요.

그러나 달 주위에 둥그란 띠처럼 보이는 달무리가 생겼다면 날씨가 곧 변한다는 뜻이지요.

달무리는 얼음 결정체로 이루어진 높은 구름을 빛이 통과하면서 반사되어 생겨나는 것입니다.

그리고 구름이 높다는 것은 곧 날씨가 변한다는 뜻이니 계절과 기온에 따라 비나 눈이 될 것이라는 것이지요.

〈달 탐험〉 수업지도안

동   화 : 달 탐험
학습목표 : 달의 특성을 이해하고, 달의 모양이 변하는 이유를 알아본다.
수업영역 : 토론 / 신체표현
수업지도 : 지우개 그림 / 날아라! 우주선!

생각 꺼내기

1. '달 따러 가자' 노래를 불러준다.
    (1절) 애들아 나오너라 달 따러 가자 / 장대 들고 막대 메고 뒷동산으로
          뒷동산에 올라가 무등을 타고 / 장대로 달을 따서 망태에 담자♬
    (2절) 저 건너 순이네는 불을 못 켜서 / 밤이면은 바느질도 못 한다더라
          애들아 나오너라 달을 따다가 / 순이 엄마 방에다가 달아 드리자♪

생각 풀기

1. 동시 들려주기

2. 이야기 나누기
    T : 하늘에서 무엇을 볼 수 있나요? / C : 별이요. 달이요. 해요. 구름이요.
    T : 달에는 왜 아무도 살지 못 할까요?

☺ 알아 봅시다. 1
    달에는 공기도 물도 없어 생물체가 살 수가 없다. 그리고 낮과 밤의 길이가 지
    구보다 굉장히 길기 때문에, 월면에서의 밤과 낮의 온도 차이는 엄청 나다. 태
    양이 보름 동안이나 내려 쪼이는 낮에는 온도가 섭씨 100도까지 올라가고, 긴

밤 중에는 몹시 추워서 영하 150도나 된다. 그러니까 달의 탐험은, 어둡고 추운 달의 밤 동안에는 곤란하고, 머리 위에서 태양이 내려 쪼이는 낮(만월)은 너무 더워서 곤란하니까 달의 아침에 해당하는 시기에 달에 착륙하도록 미리서 계획을 세워야한다.

T : 달은 어떤 모양일까요?/

C:동그라미 모양이요. 눈썹모양이요. 밥그릇모양이요.

T : 달 모양은 왜 변할까요?

☺ 알아봅시다. 2

달의 모양이 바뀌는 이유는 지구의 자전 때문입니다

○ 태양) (지구) (달) 이렇게 일렬로 있을 경우는 태양 빛이 달에 반사되어서 지구에 서 볼 때는 정확히 보름달이 되고요.

마찬가지로 (태양) (달) (지구) 이렇게 있을 때는 아예 달이 안 보이게 되겠죠? 반달이 되려면, (태양)(달) (지구) 이렇게 직각이 되면 태양빛이 달의 반만 보여 주겠죠?

그래서 지구에서 보면 반달이 됩니다. 지구의 자전에 의해 서서히 바뀌게 되는 것이 랍니다.

3. 몸으로 만들어요.

① 달의 여러 가지 모양 변화에 대하여 이야기를 나눈다.

② 한 팀이 6명 정도가 되도록 팀을 나눈다.

③ 교사가 말하는 달의 모양을 듣고, 팀원들은 누워서 몸으로 달의 모양을 만든다.

☞ 교사가 "보름달"이라고 했을 경우에 어르신들은 누워서 6명의 몸을 이어 보름달을 만든다.

(반달과 초승달도 같은 방법으로 만들어 본다.)

④ 교사가 말한 달 모양과 같은 모양이 나온 팀에게 스티커를 하나씩 붙여준다.

⑤ 팀원의 스티커가 제일 많은 팀을 칭찬하여 준다.

생각 감기

1. 활동지1 – 지우개 그림

   ① 4B연필로 활동지를 칠한다.

   ② 연필로 칠한 면을 휴지로 닦아내 듯 문지른다.

   ③ 검게 된 활동지에 지우개를 이용하여 여러 가지 달 그림을 그린다.

   ④ 그림을 연필로 살짝 그려 놓은 후, 지우개로 지워도 좋다.

   ⑤ 어르신이 그린 달의 모양을 이야기 해 본다.

2. 활동지2 – 날아라! 우주센(색종이 접기)

   ① 달나라까지 갈 수 있는 방법을 이야기 해 본다.

   ② 우주선을 접어본다. (별첨자료)

   ③ 활동지에 종이로 접은 우주선을 붙이고 우주를 꾸민다.

동시 놀이 1

요술쟁이에요!

달은 변화된 모양에 따라 부르는 이름이 달라요.

달 그림을 보고 색칠하고 해당하는 이름을 찾아 달에 붙여보세요.

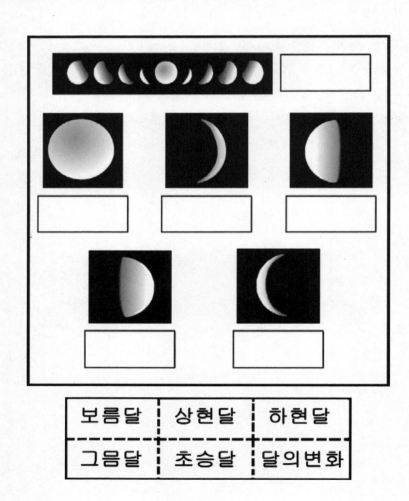

🐷 동시 놀이 2

나도 작가!

달 동시를 지어보세요.

🐻 동시 놀이 3

지우개 그림

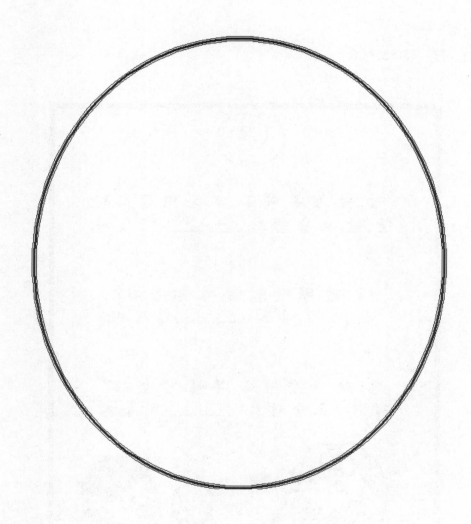

🐘 동시 놀이 4

날아라! 우주선!

*우주선을 접어 달나라 여행을 떠나요!

제3절 전래동화를 활용한 놀이지도

전래동화랑 놀자!

- **수업 텍스트** : 전래동화 12편
- **수업 특징** : 도입 부분 : 웃음 퍼포먼스 + 명화 감상 중심으로!

  전개 부분 : 전래놀이(실내놀이 중심) 중심으로

  마무리 부분 : 동화 내용 이해, 적용, 확장 영역 중심으로!

NO	동화 제목	도입 부분	전래놀이 영역	활 동 지
1	피리 부는 호랑이 1 피리 부는 호랑이 2	- 노래 부르기(퐁당퐁당) - 원숭이 똥구멍은 빨개 - 손유희(호랑이가)	세 번 돌고 절하기	1-1 어떤 노래일까? 1-2 원숭이 똥구멍은 빨개 1-3 가면 만들기
2	호랑이와 곶감	- 노래 듣기(호랑이와 곶감) - 전래동요(달강달강 우리아기)	수건 돌리기	2-1 호랑이보다 더 무서운 것은? 2-2 멋있죠?
3	선녀와 나무꾼	- 명화 감상 〈미인도〉 - 달아 달아 밝은 달아	손뼉치기 놀이	3-1 우리 나라 한복이에요. 3-2 선녀를 찾습니다!
4	한 고개 넘어서	- 떡볶이 - 하나 먹고 둘 먹고	떡장수 놀이	4-1 떡 썰기 대회 4-2 떡 하나 주면 안 잡아 먹지
5	요술 맷돌	- 아껴줄래요 - 이거리 저거리 각거리	쌀보리	5-1 요술맷돌이 있다면? 5-2 퍼즐놀이 1
6	혹부리 영감	- 잘 살아 보세(나무 하러 가세) - 가자 가자 놀러 가자	실뜨기	6-1 혹부리 영감 생각카드 6-2 도깨비나라에 가봤더니!
7	삼 년 고개	- 도깨비 나라 (삼 년 고개) - 어디까지 갈래	어깨동무 씨동무	7-1 어디가 다를까? 7-2 몇 년을 살 수 있을까?

NO	동화 제목	도입 부분	전래놀이 영역	활 동 지
8	금도끼 은도끼	- 퐁당퐁당 - 피나무	여우놀이	8-1 번쩍번쩍 금도끼 은도끼 8-2 고마워! 친구야!
9	이상한 샘물	- 퐁당퐁당 - 새는 새는 나무에서 자고	공기놀이	9-1 와! 이렇게 달라졌어요! 9-2 옛날과 오늘은?
10	흥부 놀부	- 흥부와 놀부 - 형님 오네 형님 오네	딱지치기	10-1 퍼즐놀이 2 10-2 이 박을 타면?
11	뿡구새를 아세요?	- 음률(방귀시합)	악기놀이	11-1 어때요 내가 지은 　　　책 이름? 11-2 뿌우웅~ 따라갔어요.
12	마음을 보는 꽃	- 손유희(씨앗 하나가)	신체표현	12-1 글자꽃이 피었어요. 12-2 모자이크 그림이에요.

피리 부는 호랑이

피리를 잘 부는 나그네가 길을 가고 있었어요.

"삘릴리~ 삘리리 삘리~"

한참을 걷다보니 다리가 아팠지요.

"저 나무 밑에서 쉬었다 가야겠군."

누워있다 보니 깜빡 잠이 들고 말았어요.

하지만 피리는 손에 꼭 쥐고 있었지요.

그런데 이게 웬일이에요.

글쎄, 호랑이가 꼬리에 물을 묻혀 나그네 얼굴에 뿌리지 뭐예요.

"아이구, 큰일났네~ 이 일을 어떡하지~"

나그네는 죽은 척을 하며 생각을 했지요.

호랑이는 나그네 얼굴을 빤히 들여다보았어요.

"어흐흥~ 죽었나? 살았나?"

고개를 갸우뚱거리던 호랑이는 나뭇잎으로 나그네 코를 살살 간질였어요.

'아이구, 간지러워라. 으으으~'

나그네는 참지 못해 콧구멍을 벌렁거리고 말았어요.

그러자 호랑이는 멈칫거리며 뒤로 물러났어요.

바로 그때 나그네는 피리를 잡고 있던 손을 번쩍 들었어요.

"에잇!"

나그네는 호랑이 엉덩이에 피리를 '콱' 꽂았지요.

깜짝 놀란 호랑이는 방귀를 뀌고 말았어요.

"뿡~ 삘리리뿡~ 뿡~ 삘리리뿡~"

방귀소리에 피리소리까지 나지 뭐예요.

덜컥 겁이 난 호랑이는 냅다 달리기 시작했어요.

"어흐흥! 도대체 이게 무슨 소리야!"

달리면 달릴수록 방귀피리소리는 더 커졌어요.

"아이쿠, 큰일 났네. 어흐흥~ 호랑이 살려!"

호랑이 울음소리를 듣고 숲속 동물들이 우르르 뛰어나왔어요.

"호랑아, 왜 그래?"

"응, 자꾸 이상한 소리가 나서……."

호랑이가 배에 힘을 주자 피리방귀소리가 났지요.

토끼는 깔깔깔 웃으며 호랑이 엉덩이를 가리켰어요.

"하하하, 네 엉덩이에 피리가 꽂혔잖아!"

"토끼야 나 좀 도와 줘."

"글쎄, 생각 좀 해 봐야겠는데."

그러자 고슴도치가 호랑이에게 다가왔어요.

"내가 피리를 빼 줄게. 엉덩이를 내밀어 봐."

하지만 고슴도치는 가시로 호랑이 엉덩이를 쿡쿡 찔렀어요.

호랑이는 펄쩍펄쩍 뛰며 더 방귀를 꾸었지요.

그때, 곰이 느릿느릿 걸어오더니 피리를 빼 주었어요.

"곰아, 넌 정말 나의 친구야."

"뭘, 우린 친구잖아."

하지만 토끼와 고슴도치는 쏜살같이 도망가 버렸답니다.

– 개작 : 성현주, 3분 원고 –

〈피리 부는 호랑이 1〉 수업지도안

학습 목표	1. 전래동화를 듣고 상황을 상상하며 생각을 이야기 할 수 있다. 2. 전래동요에 맞추어 리듬감을 익히고 신체표현놀이를 할 수 있다. 3. 전래놀이를 통해 절하기를 익힐 수 있다.
수업 방법	전래동요 부르기(퐁당퐁당). 전래놀이하기 (세 번 돌고 절하기)
준비물	방귀방석

웃는 얼굴 예쁜 얼굴 만들기

"눈썹~ 올리고 윙크 윙크 윙크 윙크(오른쪽 왼쪽)"

"오른쪽 왼쪽 위 아래 한 번 더"

"얼굴 쭉~ 빼고 바람 가득"

"입 꼬리 올리고 개구리 뒷다리~(10초)"

: 웃는 얼굴 예쁜 얼굴 트레이닝은 수업 시작 전 항상 따라 해 보고 시작을 한다.

◆ **활동준비**

　– 전래놀이(세 번 돌고 절하기)는 실내에서 할 수 있도록 한다.

◆ **도입**

1. 노래 부르기– 퐁당퐁당

　: 노래를 부르며 리듬에 맞춰 손뼉치기를 표현할 수 있도록 한다.

　　– 퐁당퐁당(윤석중 작사, 홍난파 작곡) 참고

> **박수는 이렇게 쳐볼까요?**
>
> 박수 두 번 손뼉 두 번 윙크하고 윙크 하고
> 박수 두 번 손뼉 두 번 윙크하고 윙크 하고
>
> 박수 두 번 손뼉 두 번 옆 사람 손뼉치기(4번)
> 박수 두 번 손뼉 두 번 옆 사람 손뼉치기(4번)
>
> 박수 두 번 손뼉 두 번 윙크하고 윙크 하고
> 박수 두 번 손뼉 두 번 윙크하고 윙크 하고
>
> 박수 두 번 손뼉 두 번 옆 사람 손뼉치기(4번)
> 박수 두 번 손뼉 두 번 옆 사람 손뼉치기(4번)

◆ **전개**

1. 전래동화 들려주기 & 동화 피드백

   : 교사가 전래동화 피리 부는 호랑이를 읽어주고 어르신들은 잘 들을 수 있도록 한다.

   〈피리 부는 호랑이〉에 대하여~

   – 내용 중에 모르는 단어가 있었나요?

   나그네: 자기 고장을 떠나 다른 곳에 잠시 머물거나 떠도는 사람.

   – 어떤 부분이 재미있었나요?

   – 호랑이의 똥구멍에서는 어떤 소리가 났지요? 우리 모두 소리 내어 볼까요?

   – 왜 호랑이가 달리면 달릴수록 방귀 소리가 컸을까요?

   : 교사는 준비한 방귀 방석을 어르신들과 함께 앉아보며 다양한 방귀 소리에 대해 이야기 해 본다.

2. 피리 부는 호랑이 활동지(1-1)를 해 본다.

: 호랑이 똥구멍에 피리를 그려보고 호랑이가 어떤 노래를 연주했을지 상상을 해보도록 한다.

글씨를 쓸 수 있는 어르신들은 어떤 노래였는지 제목을 적어보도록 한다.

3. 재미있는 전래동요 따라 하기─원숭이 똥구멍은 빨개

: 전래동요를 따라 하고 활동지(1-1)를 해 본다.

기존의 알고 있는 동요와는 조금 다른 내용일 수 있다. 내용 그대로 따라 해 보고 느낌을 이야기해본다.

원숭이 똥구멍은 빨개

원숭이 똥구멍은 빨개
빨가면 사과
사과는 맛 좋아
맛 좋으면 대추
대추는 달아
달으면 바나나
바나나는 길어
길면 기차
기차는 빨라
빠르면 비행기
비행기는 높아
높으면 백두산

<당진지방>
낱말의 특성을 살려 끝말 이어
가기를 할 때 부르는 노래

4. 재미있는 전래놀이 ─세 번 돌고 절하기

: 절을 받으면 술래가 되는 '세 번 돌고 절하기 놀이'를 해 본다.

놀이 방법

① 가위바위보로 술래를 정한다.

② 나머지 사람들은 술래의 주위에 손을 잡고 둘러선다.

③ 손을 잡고 빙빙 돌면서 술래에게 묻는다. "당신은 누구십니까?"

④ 가운데 선 술래는 다음과 같이 답한다. "나는 귀여운 현주."

⑤ 주위 사람들은 계속 돌면서 또 묻는다. "무엇 때문에 오셨습니까?"

⑥ 술래가 답한다. "놀고 싶어서 왔어요."

⑦ 그러면 주위 사람들이 술래에게 요구한다. "그러면 세 번 돌고 절을 하세요."

⑧ 술래는 눈을 감은 채 그 자리에서 돌면서 세 바퀴를 돈다.

⑨ 세 바퀴 도는 것과 동시에 주위 사람들도 모두 그 자리에 선다.

⑩ 술래는 선 자리에서 정면을 향하여 절을 한다.

⑪ 절을 받은 사람이 술래가 되고 위와 같이 놀이를 한다.

◆ **마무리**

전래동화 피리 부는 호랑이 박수치기를 해 본다.

피/리/부/는/호/랑/이 (사이사이 박수 한번)

피리/부는/호랑이 (사이사이 박수 두 번)

: 교사들과 박수를 치며 전래동화에 대해 다시 한 번 이야기 나누기를 하며 옛 전래놀이에 대해 이야기한다.

– 세 번 돌고 절하기 놀이를 하고 나니 어떤 느낌이 드나요?

– 절은 하나의 인사 방법 이예요. 절하기를 잘 할 수 있나요?

등등의 질문을 통해 전래놀이의 중요성을 다시 한 번 부각시킨다.

◆ **Review & Tip**

우리의 전래 놀아-세 번 돌고 절하기

절하는 것이 생활화 되어 있었던 옛날에는 아침에 일어나서 어른에게 절을 하고 먼 길을 갈 때나 갔다 와서 절을 했습니다. 또한 집안에 손위 어른이 오시면 절을 하는 게 인사였지요.

이 놀이는 어르신들이 절을 하는 입장에서 절을 받는 입장으로 돌아가 절을 받는 대가로 술래가 되는 놀이입니다.

이 놀이는 하나의 정확한 스토리를 담고 있습니다.

봉사가 여러 사람과 놀기 위해 왔다가 놀기 위한 조건으로 절을 하고 놀이에 끼워주는 것이지요.

이처럼 우리의 전래 놀이에는 정확한 스토리를 담고 있는 것들이 많았습니다.

그런데 이런 놀이들이 전승되는 과정에 이런 스토리가 사라져가고 있습니다.

술래와 어르신들이 주고받는 이야기도 아주 다양합니다.

누구인지 물어보고 그 물음에 답을 하고 왜 왔는지에 대한 물음 등을 하다 보면 더 다양한 이야기 소재를 찾을 수 있습니다.

교사는 놀이를 지도 할 때 이러한 대화를 다양하게 바꾸어서 지도하면 좋겠지요?

술래가 그냥 제자리에서 돌 수도 있지만 코를 잡고 돈다던가 손을 뻗어 돈다면 더욱 어려워지고 중심잡기가 힘들어지겠지요? 그래서 술래는 뒤뚱 거리기도하고 어지러워할 수도 있는데 이 광경을 지켜보는 어르신들은 더욱 놀이에 재미를 느낄 것 입니다.

실내에서 어르신들과 이러한 전래놀이를 통해서 서로의 마음을 알아갈 수 있도록 지도해주세요

〈피리 부는 호랑이 2〉 수업지도안

동　　화 : 피리 부는 호랑이

학습목표 : 방어려운 상황에 처했을 때 문제를 해결하는 융통성을 기른다.

수업영역 : 음률 / 역할극

수업지도 : 가면 이야기 / 말 꼬리 이어가기

생각 꺼내기

1. 손유희 –호랑이가

호랑이가 호랑이가 지나갑니다. (호랑이 표정을 지으면서 손으로 움직임을 표현)

풀들을 헤치고 지나갑니다. (오른손, 왼손을 번갈아 가며 풀을 헤치는 모습을 표현)배가 고파요 배가 고파요. (손으로 배를 움켜잡고 배가 고픈 표정)

쉿! 잡았다! (먹이는 잡는 동작) / 호랑이는 먹이를 먹고 어디로 갔을까요?

생각 풀기

1. 동화 들려주기

2. 이야기 나누기

① 방귀소리는 무슨 소리가 날까요?

C : 뽀옹이요. 뿡뿡이요, 피식이요. 뿌욱이요.

② 상상해 보세요.

T : 만약 호랑이가 우리 얼굴에 호랑이가 물을 뿌리고 있다면 어떻게 할까요?

C : 계속 자는 척 해요. 호랑이의 꼬리를 꽉 물어요. 등등

3. 역할극 - 활동지1 연계

① 배역을 정한다. (아저씨, 호랑이, 토끼, 원숭이, 곰)
- 5명씩 4팀 정도로 나누고, 각 팀에서 배역을 정한다. 교사는 유아가 맡은 배역 그림 자료를 준다.

어르신은 자신이 맡은 배역의 그림을 여러 가지 재료를 사용하여 꾸민다.

② 각 배역의 대사를 연습하여 본다. 원래 이야기 속에 없는 내용이라도 유아가 창의적으로 대사를 만들 수 있는 분위기를 만들어 준다.

(어르신이 융통성 있게 삽입한 대사를 할 경우 칭찬하여 준다.)

③ 여러 가지 재료(블록, 그림 자료 등)를 사용하여 숲 속 분위기를 만들고, 각 배역이 있을 위치를 어르신과 함께 정한다.

④ 각 팀 별로 대항하여 어느 팀이 재미있게 이야기를 꾸몄는지 평가하여 본다.

생각 감기

1. 활동지1 - 가면 만들기

① 교사는 5가지 인물 중에서 어르신이 맡은 역의 그림 자료를 나누어 준다.

② 가면으로 사용한다. (머리띠에 붙여 사용 하여도 좋다.)

2. 활동지2 - 말꼬리 이어가기

① 교사는 '원숭이 엉덩이는 빨개~'의 노래를 어르신과 함께 불러가며 리듬을 익힌다.

② 이야기 속의 주인공 호랑이에 대해 이야기를 한다.

T : 호랑이 하면 어떤 생각이 나나요?

C : 무서워요. 힘이 세요. 줄무늬 옷을 입고 있어요.

③ 어르신의 의견에 말꼬리를 이어간다.

T : **는 호랑이를 생각하면 무서운 것이 생각나는군요. 그럼 무서운 것 하면 무엇이 생각나나요?"

C : 괴물이요. 도깨비요.

③ 어르신의 생각을 글로 표현하도록 한다. 글로 쓸 때, "원숭이 엉덩이는 빨개~"리듬을 기준으로 하여 만든다.

④ 어르신이 쓴 내용을 보면서 이야기 나눈다.

⑤ 완성된 이야기를 리듬에 맞추어(원숭이 엉덩이는~ 노래 리듬에 맞추어) 노래해 본다.

  예) "호랑이는 무서워 → 무서우면 괴물 → 괴물은 커다래 → 커다라면 코끼리~"의 형식으로 말꼬리를 이어 문장을 만들어 본다.

동화 놀이 1

어떤 노래일까?

호랑이의 똥구멍에 피리가 꽂혔어요. 호랑이의 똥구멍에 피리를 그려보고 어떤 노래를 연주할 지 상상하며 노래 제목을 적어보세요.

호랑이가 부른 노래 제목은 무엇인가요?

🐵 동화 놀이 2

원숭이 똥구멍은 빨개

다음 그림을 보고 생각나는 그림을 그려보고 말놀이를 해 보세요.

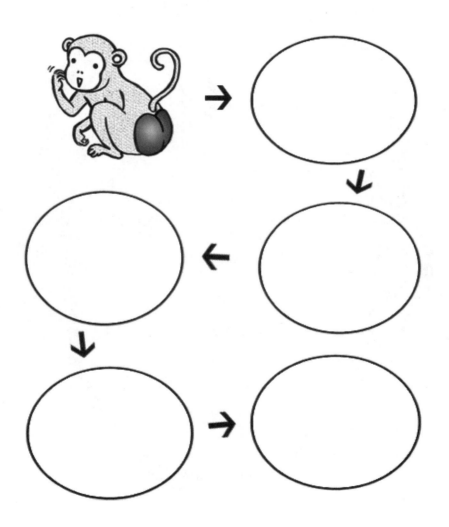

🐗 동화 놀이 3

피리 부는 호랑이-가면 만들기

 동화 놀이 4

동화 놀이 5

🐘 동화 놀이 6

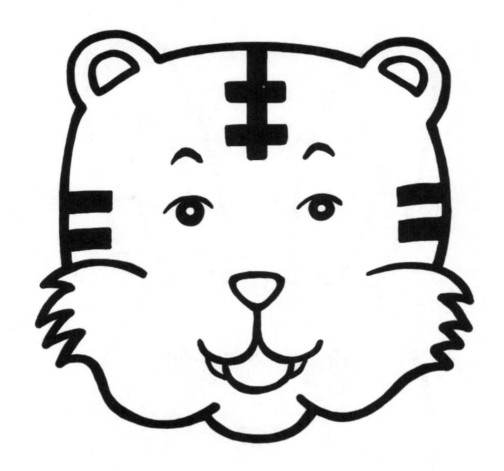

🐹 동화 놀이 7

🐨 동화 놀이 8

피리 부는 호랑이-말꼬리 이어가기
말꼬리 이어가기

숲 속의 호랑이는

호랑이와 곶감

옛날하고도 먼 옛날 깊고 깊은 산 속에 호랑이가 살았어.

"어구어구, 배고파라, 눈이 와서 먹이를 구할 수가 없네."

깜깜한 밤이 되자 호랑이는 마을로 내려갔어.

때마침 외딴 초가집에서 아이의 울음소리가 들렸지.

"옳거니, 저 우는 아이를 잡아먹어야겠다."

호랑이는 슬금슬금 방문 앞으로 다가갔어.

그때 아이를 달래는 엄마 목소리가 들렸어.

"돌아, 이 한밤중에 떡이 어디 있니?"

"싫어~떡 먹고 싶어."

"자꾸 울면 무서운 호랑이가 잡아간다."

그 말을 들은 호랑이는 잘난 척을 했지.

'그럼, 난 무서운 호랑이지. 암, 무섭고말고!'

하지만 아이는 더 큰소리로 울어댔어.

"그럼, 곶감 줄게. 곶감!"

엄마 말에 아이는 거짓말처럼 울음을 뚝 그치지 뭐니.

'아니, 나 보다 더 무서운 것이 있었단 말이야?'

호랑이는 슬그머니 겁이 나서 담 밑으로 가서 앉았어.

사실 호랑이는 겁쟁이였거든.

호랑이는 두리번두리번 주변을 살펴보았지.

'만약 무서운 곶감이 나타나면…….'

바로 그때였어.

맞은 편 담 위에서 커다랗고 시커먼 것이 툭 떨어지는 거야.

'어쿠쿠, 저게 바로 곶감이란 놈이구나.'

시커먼 것은 주변을 휘익 살펴보았어.

'아고고, 호랑이 죽었다!'

그런데 시커먼 것은 외양간 쪽으로 가지 뭐니.

시커먼 것은 외양간에 있는 소의 고삐를 풀었지.

"음머어~ 음머어~"

소 울음소리에 방문이 확 열렸어.

시커먼 것은 놀랐는지 호랑이가 있는 담 쪽으로 후다닥 뛰어왔어.

호랑이도 깜짝 놀라서 벌떡 일어났지.

그 바람에 시커먼 것은 호랑이 등을 밟고 올라탔어.

'어구어구, 호랑이 살려!'

호랑이는 있는 힘을 다해 달리며 몸을 막 흔들어댔어.

'어으헝, 떨어져라! 이 곶감아!'

그러자 시커먼 것이 말을 하며 더 놀라지 뭐니.

"호, 호, 호랑이! 호랑이다~"

호랑이는 더 날쌔게 달렸어.

'어으헝, 떨어져라! 이 곶감아!'

시커먼 것은 호랑이 등에 더 찰싹 달라붙어서 소릴 질렀어.

"사람 살려! 으아악! 소도둑 살려!"

호랑이는 산속으로 달려가면서도 계속 중얼거렸단다.

"어구어구, 배고파라! 호랑이 살려~"

– 개작 : 성현주, 3분 원고 –

〈호랑이와 곶감〉 수업지도안

학습 목표	1. 전래동화를 듣고 상황을 상상하며 생각을 이야기 할 수 있다. 2. 〈호랑이와 곶감〉 노래를 듣고 이야기를 상상할 수 있다. 3. 호랑이의 성장과장을 알고 감을 이용한 음식을 알 수 있다. 4. 전래놀이 〈수건 돌리기〉를 통해 놀이의 기쁨과 친구를 배려할 수 있다.
수업 방법	동요 듣고 부르기 CD참고 (호랑이와 곶감). 전래동요 부르기 (달강달강 우리 아기) 전래놀이하기 (수건 돌리기)
준비물	CD플레이어, 수건

웃는 얼굴 예쁜 얼굴 만들기

"눈썹~ 올리고 `윙크 윙크 윙크 윙크(오른쪽 왼쪽)"

"오른쪽 왼쪽 위 아래 한 번 더"

"얼굴 쭉~ 빼고 바람 가득"

"입 꼬리 올리고 개구리 뒷다리~(10초)"

: 웃는 얼굴 예쁜 얼굴 트레이닝은 수업 시작 전 항상 따라 해 보고 시작을 한다.

◆ 활동준비

- CD플레이어는 미리 준비해둔다.

◆ 도입

1. 노래 듣고 이야기하기

  : 창작동요 〈호랑이와 곶감〉노래를 듣고 어떤 느낌이 드는지, 어떤 이야기가 있는지 이야기해본다.

◆ **전개**

1. **전래동화 들려주기 & 동화 피드백**

   : 교사가 전래동화 〈호랑이와 곶감〉을 읽어주고 어르신들이 잘 들을 수 있도록
   한다.

   〈호랑이와 곶감 〉에 대하여……

   – 내용 중에 모르는 단어가 있었나요?

      초가집: 짚이나 갈대 따위로 지붕을 인 집

      곶감: 껍질을 벗기고 꼬챙이에 꿰어서 말린 감

      소도둑: 소를 몰래 훔치는 도둑

   – 어떤 부분이 재미있었나요?

   – 정말로 곶감은 무서운 건가요?

   – 호랑이 등에는 누가 탄 것이었지요?

   – 제목을 바꾼다면 어떤 제목으로 하고 싶나요?

2. **호랑이보다 더 무서운 것은? 활동지 (2–1)를 해 본다.**

   : 제시 그림을 살펴보고 동화 속에서 호랑이가 무서워했던 것을 찾아 이야기
   해 보고 신문이나 잡지에서 곶감을 호랑이가 무서워했던 곶감 글자 찾기를
   한다.

   찾은 글자는 활동지에 붙여보고 또 어떤 글자 찾기를 할 수 있는지 확장하여
   이야기 해 본다.

3. **재미있는 전래동요 따라 하기–달강달강 우리아기**

   : 전래동요를 먼저 들어보고 따라 해본다.

   기존의 알고 있는 동요와는 조금 다른 내용일 수 있다. 내용 그대로 따라 해
   보고 느낌을 이야기해본다.

달강달강 우리아기

달강달강 우리아기
달강달강 얼퉁아기
서울길을 올라가서
밤 한 되를 주워다가
살강 밑에 묻었더니
머리 빠진 새앙쥐가
들락날락 다 까먹고
빌레먹어 병든 밤
한 -개가 남었네
옹솥에다 삶을까나
가마솥에 삶을까나
조랑이로 건질까나
함박으로 건질까나
겉껍질은 누님주고
속껍질은 오빠주고
알맹이는 너하고 나하고
둘이 둘이 먹어 보자
달강달강 달강달강

〈당진지방〉
낱말의 특성을 살려 끝말 이어가기를 할 때 부르는 노래

4. 재미있는 전래놀이-수건 돌리기

: 동그랗게 둘러앉아 모두 아는 간단한 노래를 부르며 수건 돌리기 놀이를 해
본다.

놀이 방법

① 최대한 여러 명이 하기에 좋은 전래놀이이다.
② 술래 한 명을 뽑은 다음 둥그렇게 둘러앉는다.
③ 술래는 수건이나 표시된 물건을 감추어 들고 사람들 주위를 빙빙 돈다. 이
때 나머지 어르신들은 모두가 아는 노래를 함께 부른다.
④ 술래는 주위를 돌다가 노래가 끝나기 전에 몰래 한 어르신의 등뒤에 수건을
놓고 계속 돈다.

⑤ 술래가 아닌 사람은 절대 뒤를 돌아보면 안 되지만 손을 뒤로해서 더듬어 할 수 있다.

⑥ 술래가 수건을 놓은 곳까지 돌아와서 그 사람을 치게 되면 그 사람이 술래가 된다.

⑦ 만약 자기 뒤에 놓인 것을 알게 되면 수건을 재빨리 집어 들고 뒤따라가 술래를 친다. 이 때 술래가 치이면 벌칙을 받고 치이지 않게 되면 재빨리 그 사람 자리에 앉는다. 그럼 그 사람이 술래가 되어 놀이를 계속 반복한다.

⑧ 벌칙으로는 노래를 해도 되고 엉덩이로 이름쓰기와 같은 간단한 벌칙을 정하고 한다.

: 술래는 골고루 할 수 있도록 하고 수건은 정확하게 사람 뒤에 놓도록 유의한다.

* 놀이의 규칙에 관하여⋯⋯

모든 놀이에는 규칙이 있습니다. 그 규칙에 따라 놀이가 진행되는데, 수건 돌리기의 규칙 등 하나가 처음부터 끝까지 뒤를 돌아보지 않는 것이지요. 혹시 수건이 내 뒤에 있지나 않을까 마음을 졸이고 계속 긴장하면서도 뒤를 돌아보지 않는 것입니다. 혹시 수건이 내 뒤에 있지나 않을까 마음을 졸이고 계속 긴장하면서 뒤를 돌아보고 싶은 마음을 꾹 참도록 하는 것이 중요합니다.

만약 이와 같은 규칙을 지키지 않으면 놀이가 중단되기 때문이지요.

놀이의 규칙!

이는 놀이가 성립되고 놀이의 재미를 더하는 요소이므로 반드시 지키도록 하는 것이 중요하며 처음부터 그렇게 지도하도록 해 주세요.

◆ 마무리

전래동화 〈호랑이와 곶감〉 박수치기를 해 본다.

호/랑/이/와/곶/감/ (사이사이 박수 한번)

호랑/이와/곶감 (사이사이 박수 두 번)

: 어르신들과 박수를 치며 전래동화에 대해 다시 한 번 이야기 나누기를 하며 옛 전래놀이에 대해 이야기한다.

- 수건 돌리기 놀이를 하고 나니 어떤 느낌이 드나요?
- 수건 돌리기를 통해 어르신들은 친구에 대해 어떻게 배려를 해야 하는지 알
  수 있었지요?

등등의 질문을 통해 전래놀이의 중요성을 다시 한 번 부각시킨다.

◆ **Review & Tip**

우리의 전래 놀아-수건 돌리기와 유사한 전래놀이

우리 놀이 중에 경상도 구룡포 지역에서 많이 하던 '콩 숨기기', '콩 감추기' 라는
놀이가 있습니다.

쌀과 함께 우리 음식의 중심이 된 콩을 숨기고 찾는 가운데 풍년을 기원했던 놀
이이지요.

콩 숨기기는 둥그렇게 앉아서 한 사람은 "콩 숨기자-콩 숨기자" 하고 콩을 숨기
고 술래는 어디에 숨겼나 찾는 것인데 수건 돌리기와 원리가 같습니다.

다만 콩이라는 작은 물체를 숨기는 것만 다릅니다.

수건 돌리기처럼 둥그렇게 앉아서 하는 놀이이므로 콩 숨기기의 변형된 놀이가
아닌가 합니다.

요즘에는 '콩 숨기기', '콩 감추기' 라는 놀이는 없어졌고 수건 돌리기가 대신하게
되었습니다.

콩 숨기기는 원 안에서 하고 정적인데 비해 수건 돌리기는 원 밖에서 하고 동적
이란 차이가 있지만 형태나 놀이방법은 아주 유사합니다.

🐘 동화 놀이 1

호랑이보다 더 무서운 것은?

호랑이보다 더 무서운 것은 무엇이었는지 아래 그림에서 찾아서 ○표시를
하고 그 이름을 신문이나 잡지에서 찾아서 오리고 붙여보세요.

호랑이보다 더 무서운 것은 바로,

🐅 동화 놀이 2

멋있죠?

으르렁 용감한 호랑이의 줄무늬를 만들어볼까요?
검은색 테이프를 이용하여 호랑이의 멋진 무늬를 만들어주세요.

선녀와 나무꾼

저 산 넘고 고개 너머 착하고 부지런한 나무꾼이 살았어요.

산 속에서 일을 하고 있는데 사슴 한 마리가 헐레벌떡 뛰어왔어요.

"헉헉, 살려주세요. 나무꾼님!"

"그래, 어서 이 덤불 속으로 숨어라."

나무꾼은 사냥꾼에게 쫓기는 사슴을 구해주었지요.

"나무꾼님. 정말 고맙습니다."

사슴은 소곤소곤 나무꾼에게 귓속말을 했어요.

"나무꾼님, 산 너머 폭포에 가면~"

고개를 끄덕거리던 나무꾼 얼굴에 활짝 웃음꽃이 피었어요.

얼른 폭포에 가보니 선녀들이 목욕을 하고 있었어요.

"사슴이 일러준 대로 날개옷을 감추자."

날개옷을 잃어버린 막내선녀만 하늘나라로 올라가지 못했지요.

나무꾼은 막내선녀에게 정성을 다하여 청혼을 했어요.

"선녀님. 저랑 결혼 해 주세요."

선녀는 나무꾼과 결혼을 해서 행복하게 살았어요.

하지만 선녀는 하늘나라를 늘 그리워했어요.

보다 못한 나무꾼은 선녀에게 날개옷을 주고 말았지요.

"어머나, 내 날개 옷!"

그런데 이를 어쩌지요?

선녀는 어르신 둘을 양쪽에 안고서 하늘로 훨훨 올라가 버렸지 뭐예요.

나무꾼은 선녀가 보고 싶어 앓아눕고 말았어요.

이 소식을 들은 사슴은 나무꾼에게 또 방법을 가르쳐주었어요.

"산 너머 폭포에 가 보면~"

나무꾼은 사슴이 일러준 대로 하늘에서 내려온 두레박을 타고 올라갔어요.

그런데 하늘나라 옥황상제가 낸 수수께끼를 풀어야만 했어요.

"잠시 후 뒤뜰에 가서 날 찾아내면 선녀와 함께 살도록 해 주겠다."

갑자기 옥황상제는 연기처럼 사라졌어요.

옥황상제는 무엇이로든 척척 변할 수 있는 능력이 있었거든요.

나무꾼은 뒤뜰을 서성거리다가 닭을 보고 깜짝 놀랐어요.

"아니? 저 수탉은 한 발로 털을 쓰다듬고 있잖아."

"옳거니, 옥황상제님이 수탉으로 변하셨구나."

옥황상제는 수염을 만지는 습관이 있었거든요.

나무꾼은 수탉 앞으로 다가가 넙죽 절을 했어요.

"옥황상제님. 저를 사위로 삼아주십시오."

그 순간 수탉은 옥황상제로 변했어요.

"허허허, 좋다. 땅나라로 내려가 선녀와 행복하게 잘 살도록 하라."

나무꾼은 선녀를 부둥켜안고 좋아했어요.

나무꾼과 선녀는 땅으로 내려와 아들 딸 키우며 잘 살았답니다.

– 개작 : 성현주, 3분 원고 –

〈선녀와 나무꾼〉 수업지도안

학습 목표	1. 전래동화를 듣고 상황을 상상하며 생각을 이야기 할 수 있다. 2. 〈선녀와 나무꾼〉 이야기를 상상할 수 있다. 3. 우리 전통 옷 한복에 대해 알 수 있다. 4. 전래놀이 〈손뼉치기 놀이〉를 통해 놀이의 규칙을 알고 리듬감을 기를 수 있다.
수업 방법	명화 감상 (미인도). 전래동요 부르기 (달아 달아 밝은 달아) 전래놀이하기 (손뼉치기 놀이)
준비물	명화 - 미인도

웃는 얼굴 예쁜 얼굴 만들기

"눈썹~ 올리고 윙크 윙크 윙크 윙크(오른쪽 왼쪽)"

"오른쪽 왼쪽 위 아래 한 번 더"

"얼굴 쭉~ 빼고 바람 가득"

"입 꼬리 올리고 개구리 뒷다리~(10초)"

: 웃는 얼굴 예쁜 얼굴 트레이닝은 수업 시작 전 항상 따라 해 보고 시작을 한다.

◆ **활동준비**

– 명화 〈미인도〉는 미리 준비해둔다.

◆ **도입**

1. 명화 〈미인도〉 감상하고 이야기하기

: 신윤복 의 미인도 그림을 보고 어떤 느낌이 드는지 이야기 해본다.

– 무슨 그림인가요?

– 그림 속의 여자는 어떤 옷을 입고 있지요?

– 머리는 어떤 모양인가요?

– 지금 우리들의 모습과 어떤 점이 가장 다른가요?

– 이 그림은 어떤 느낌이 드나요?

– 무슨 생각을 하고 있는지 생각해 볼까요?

◆ **전개**

1. **전래동화 들려주기 & 동화 피드백**

   : 교사가 전래동화 〈선녀와 나무꾼〉을 읽어주고 어르신들은 잘 들을 수 있도록
   한다.

   〈선녀와 나무꾼〉에 대하여……

   – 내용 중에 모르는 단어가 있었나요?

   선녀: 성품이 착한 여자

   나무꾼: 땔 나무를 하는 사람

   두레박: 줄을 길게 달아 우물물을 퍼 올리는 데 쓰는 도구. 바가지나 판자 또
   는 양철 따위로 만든다.

   – 어떤 부분이 재미있었나요?

   – 사슴이 소원을 말하라고 하면 어떤 소원을 빌고 싶나요?

   – 선녀는 어떻게 하늘로 올라갔나요?

   – 제목을 바꾼다면 어떤 제목으로 하고 싶나요?

2. **전통 옷 한복 활동지 (3-1)를 해 본다.**

   : 동화 속의 선녀와 나무꾼이 입은 옷에 대해 이야기를 해 본 후 우리나라 전통
   옷에 대해 알아본다.

   또한 활동지 속의 선녀와 나무꾼의 한복을 색칠하면서 어떻게 입는지, 언제
   입는지에 대해 이야기 해 본다.

   – 바르게 한복 입는 방법

   〈속치마-치마-저고리-마고자-두루마기〉

   – 한복의 여러 부분에도 이름이 있어요.

   : 여자 한복과 남자 한복을 보고 명칭 알기를 한다.

3. 선녀를 찾습니다 활동지 (3-2)를 해 본다.

: 하늘로 올라가버린 선녀를 찾는 광고문 만들기를 한다.

가장 기본적인 인적 사항과 함께 특징을 생각하며 광고문을 직접 만들어보고
주변에서 본 광고문에 대해 이야기 해 본다.

4. 재미있는 전래동요 따라 하기-달아 달아 밝은 달아

: 전래동요를 먼저 들어보고 따라 해 본다.

기존의 알고 있는 동요와는 조금 다른 내용일 수 있다. 내용 그대로 따라 해
보고 느낌을 이야기해본다.

달아 달아 밝은 달아

달아 달아 밝은 달아
이태백이 노든 달아
저기저기 저 달 속에
계수나무 박혔으니
옥도끼로 찍어내고
금도끼로 다듬어서
초가 삼간 집을 짓고
양친 부모 모셔다가
천년 만년 살고지고
천년 만년 살고지고

<경기지방>
보모에 대한 효성심을 높이기 위해 부르는 노래

● 이태백: 중국 당나라의 시인
● 초가삼간: 세 간밖에 안 되는 초가집

5. 재미있는 전래놀이-손뼉치기 놀이

: 특별한 준비물이나 장소에 상관없이 두 사람만 있으면 할 수 있는 놀이로 특
별히 정해진 것이 없으며 두 사람이 마주 앉아 정해진 노래에 손을 마주치며
노는 놀이이다.

놀이 방법

① 두 사람이 마주 보고 앉는다.

② 노래를 한 곡 정한다.

③ 서로 어떤 손동작으로 할 것인가를 노래에 맞춰 정한다.

　 (되도록 한 악절마다 반복하는 것이 어렵지 않고 좋다.)

④ 손동작이 완성되었으면 노래를 함께 부르며 처음부터 끝까지 해 본다.

⑤ 이 손동작이 다른 어떤 노래에 또 맞는지 찾아보고 계속 놀이한다.

*놀이의 실제

가사
야광도깨비 뿔! (준비동작) 이상하고/ 아름다운/ 도깨비/ 나/ 라 방망이로/ 두드리면/ 무엇이/ 될/ 까 금 나와라 와라/ 뚝 딱/ 은 나와라 와라/ 뚝 딱

① 야광 도깨비: 서로 손을 잡은 채 교차한다.

② 뿔!: 머리에 두 손으로 뿔을 만든다.

③ 1박: 자기 손뼉을 한 번 친다.

④ 2박: 상대방 손뼉을 한 번 친다.

⑤ 3, 4박: 가위바위보를 한다.

⑥ 5, 6박: 1, 2박과 같다.

⑦ 7, 8박 : 이긴 사람이 손바닥으로 진 사람 머리를 가볍게 때린다. 비겼을 경우
　 에는 두 사람 모두 두 손을 양 귀 옆에 대고 손가락을 모았다 폈다 하며 '깨
　 비 깨비'라고 한다.

◆ 마무리

전래동화 〈선녀와 나무꾼〉 박수치기를 해 본다.

선/녀/와/나/무/꾼(사이사이 박수 한번)

선녀와/나무꾼 (사이사이 박수 세번)

: 어르신들과 박수를 치며 전래동화에 대해 다시 한 번 이야기 나누기를 하며
옛 전래놀이에 대해 이야기한다.

내가 알고 있는 손뼉치기 놀이는 어떤 것이 있는지 이야기해보고 친구와 함께
할 수 있도록 하고 전래놀이의 중요성을 다시 한 번 부각시킨다.

◆ **Review & Tip**

우리의 전래 놀이-손뼉치기 놀이 활동 시 유의점

어르신들에게 기본 동작인 자기 손뼉치기, 상대편 손뼉치기, 엇갈려 치기, 무릎
치기, 손 마주잡기 등을 먼저 연습시킨 후 하면 더 재미있다.

손뼉치기를 할 때 손뼉만 치기보다는 간단한 손동작을 같이 곁들여서 하면 재미
가 있다.

교사가 알려준 손뼉치기가 잘 되면 창작을 해 보게 함으로 다양한 동작을 만들
수 있고, 자신들이 만든 동작에 더 흥미로워한다. 손바닥을 두드리는 순서를 서
로 잘 정해야 한다.

노래의 박자에 맞춰 순서에 따라 행동하고 손의 청결에 항상 유의하도록 한다.

동화 놀이 1

우리 나라 한복이에요!

선녀와 나무꾼이 입은 한복을 멋지게 색칠하고 한복에 대해 이야기 해 보세요.

🐘 동화 놀이 2

선녀를 찾습니다!

날개옷을 입고 하늘로 올라가버린 선녀를 찾는 신문광고를 만들어볼까요?
나무꾼은 지금 어떤 심정인지 생각해보고 신문광고를 만들어보세요.

선 녀 를 찾 습 니 다

이 름:
나 이:
특 징:

사 례 금:
연 락 처:

한 고개 넘어서

옛날 옛날에 떡을 잘 만드는 할머니가 살고 있었어요.

할머니는 떡을 광주리에 담아 이고 고갯길을 넘었지요.

한 고개를 넘자 할머니는 나무 그늘에서 쉬었어요.

"에구구, 다리야!"

두 고개 넘을 때였어요.

"에구구, 허리야!"

바로 그때 호랑이가 불쑥 나타났지 뭐예요.

"어흥, 할멈을 잡아먹어야겠다."

"아구구, 우리 손주에게 떡을 갖다 주어야 해요."

호랑이는 군침을 삼키며 떡 광주리를 흘낏 쳐다보았어요.

"어흥! 떡 하나 주면 안 잡아먹지!"

할머니는 할 수 없이 치자떡 하나를 주었어요.

셋째 고개를 넘자 호랑이는 또 할머니 앞을 가로막았어요.

"떡 두개 주면 안 잡아먹지!"

"에구, 옛다! 이번엔 진달래꽃떡이랑 팥떡이다!"

"꾸울꺽! 에이, 그래도 배고파!"

호랑이는 할머니의 떡 광주리를 냅다 땅바닥에 내려놓았어요.

"쩝쩝! 요 떡도 내 떡!"

"짭짭! 이 떡도 내 떡!"

호랑이는 떡을 모조리 먹어버렸지요.

집으로 돌아온 할머니는 생각할수록 호랑이가 괘씸했어요.

"에잉, 욕심 많은 호랑이 같으니라구! 혼자서 다 먹어버리다니."

할머니는 호랑이를 골려 줄 방법을 생각해 보았어요.

"옳지! 그 방법이 있었군."

할머니는 다시 떡 광주리를 이고 고개를 넘었어요.

한 고개 넘자 할머니는 주변을 두리번거리며 큰소리로 외쳤어요.

"아이구 무릎이야! 떡을 너무 많이 가져왔나봐."

바로 그때 숲 속에서 호랑이가 불쑥 나타났어요.

"할멈, 떡 하나 주면 안 잡아먹지!"

할머니는 얼른 떡 광주리를 호랑이 앞에 놓았어요.

"옛다! 맛있는 꿀떡이다!"

반질반질하게 꿀 발린 떡이 광주리에 가득하지 뭐예요.

호랑이는 얼른 꿀떡을 먹기 시작했어요.

그런데 호랑이가 꿀떡을 씹을 때마다 이상한 소리가 났어요.

"와드득, 와자작! 빠지직! 아이쿠 이빨이야!"

호랑이는 얼굴을 움켜쥐고는 데굴데굴 굴렀어요.

"어흐응~ 꿀떡 때문에 이빨이 다 빠져버렸어."

글쎄, 돌멩이를 구워서 꿀을 바른 꿀떡이었거든요.

할머니는 도망가는 호랑이를 보며 막 웃었어요.

"오호호호~ 이빨 빠진 호랑이가 되었구나!"

그 뒤부터 할머니는 호랑이를 무서워하지 않았답니다.

- 개작 : 성현주, 3분 원고 -

〈한 고개 넘어서〉 수업지도안

학습 목표	1. 전래동화를 듣고 상황을 상상하며 생각을 이야기 할 수 있다. 2. 전래동요에 맞추어 리듬감을 익히고 셈을 할 수 있다. 3. 전래놀이를 통해 물건을 사고 파는 과정을 알 수 있다.
수업 방법	전래동요 부르기(하나 먹고 둘 먹고). 전래놀이하기 (떡 장수 놀이)
준비물	여러 가지 떡 그림

웃는 얼굴 예쁜 얼굴 만들기

"눈썹~ 올리고 윙크 윙크 윙크 윙크(오른쪽 왼쪽)"

"오른쪽 왼쪽 위 아래 한 번 더"

"얼굴 쭉~ 빼고 바람 가득"

"입 꼬리 올리고 개구리 뒷다리~(10초)"

: 웃는 얼굴 예쁜 얼굴 트레이닝은 수업 시작 전 항상 따라 해 보고 시작을 한다.

◆ **활동준비**

– 다양한 떡 그림을 준비해둔다.

◆ **도입**

1. 노래 부르기– 떡볶이

: 노래를 부르며 리듬에 맞춰 손뼉치기를 표현할 수 있도록 한다.

– 박상문 작곡, 아름다운 어린이 편곡 참고 -

◆ **전개**

1. 전래동화 들려주기 & 동화 피드백

: 교사가 전래동화 〈한 고개 넘어서〉를 읽어주고 어르신들은 잘 들을 수 있도

록 한다.

〈한 고개 넘어서〉에 대하여……

– 내용 중에 모르는 단어가 있었나요?

　　손주: '손자로 아들의 아들 또는 딸의 아들을 말함

　　고갯길: 고개를 넘나들도록 나있는 길

– 어떤 부분이 재미있었나요?

– 호랑이는 왜 떡을 달라고 했을까요?

– 왜 호랑이의 이빨이 빠졌지요?

– 제목을 바꾼다면 어떤 제목으로 하고 싶나요?

2. 여러 가지 떡

　: 준비한 떡 그림을 보면서 떡의 종류에 대해 이야기 한다.

– 어떤 떡을 좋아하나요?

– 떡은 언제 먹지요?

– 왜 떡을 만들어서 먹었을까요?

– 떡을 대신할 수 있는 것에는 무엇이 있을까요?

3. 떡 썰기 대회 (활동지 4-1)를 한다.

　: 활동지의 떡을 예쁘게 썰어보는 활동으로 떡을 썰면서 어떤 떡이 있는지에
　　대해 이야기 한다.

4. 재미있는 전래 동요 따라 하기– 하나 먹고 둘 먹고

　: 전래동요를 먼저 들어보고 따라 해 본다.

　기존의 알고 있는 동요와는 조금 다른 내용일 수 있다. 내용 그대로 따라 해
　보고 느낌을 이야기 해 본다.

하나 먹고 둘 먹고

하나 먹고 둘 먹고
삼삼 넷째
오도독 뽀도독
제비산이 구산이
동지 뺏다

<신천지방>
셈 할 때 부르는 놀이

4. 재미있는 전래놀이 -떡 장수 놀이

: 술래와 떡값을 흥정하고 도망치는 '떡장수 놀이'를 해 본다.

놀이 방법

① 가위 바위 보로 술래를 한 명 정한다.

② 달팽이 모양으로 길을 그리고 집과 문, 가게를 표시한다.

  (문은 돌이나 나무토막 등을 이용해서 표시한다.)

③ 술래가 아닌 사람은 집에 들어가 있고 술래는 가게 앞에 쪼그리고 앉아 있는
  다. 이 때 술래는 떡이 될 만한 것을 준비하여 가게에 놓는다.

④ 술래가 아닌 사람은 집에서 문을 열고 가게를 향해 나간다.

⑤ 가게 앞에 도착하면 술래와 맨 앞사람이 떡값을 흥정한다.

⑥ 앞사람은 어떻게 해서든지 흥정을 깨고 떡을 발로 힘껏 차고 도망간다.

⑦ 술래는 떡을 가게에 가져다 놓고 사람들을 잡으러 간다.

⑧ 집에 맨 마지막에 들어온 사람이 문을 닫는다.

⑨ 다 들어오지 않았는데 문을 닫으면 그 사람을 술래에게 치어 술래가 된다.
  집에 들어가기 전에 치여도 술래가 된다.

⑩ 만약 술래가 집 안으로 들어오면 모두 치여서 죽기 때문에 술래를 빼고 다시
  술래를 정한다.

(술래가 집 안으로 못 들어오게 항상 문단속을 잘 해야 한다.)

- 떡 장수 놀이는 평소에 부모님이 흥정하는 것을 보고 그렇게 해 보고 싶은 마음에서 만들어진 놀이로 물건을 사고 파는 것은 살아가는데 중요한 요소라는 것을 알려주고 있다.

  술래와 떡장수의 흥정에는 아무런 대사도 준비되어 있지 않아 누가 더 상황에 따라 임기응변이 강한가도 알 수 있으며 소심하고 겁이 많은 친구에게 맨 앞 사람의 역할을 시켜보는 것도 좋은 놀이의 효과라고 볼 수 있다.

5. 떡 하나 주면 안 잡아 먹지 (활동지 4-2)를 해 본다.

  : 한 고개 넘고 두 고개 넘고 세 고개 넘어서 할머니는 호랑이와 딱 마주치지요. 할머니와 호랑이는 지금 어떤 마음일지 생각해보고 생각주머니에 적어보는 활동이다.

◆ **마무리**

전래동화 한 고개 넘어서 박수치기를 해 본다.

한/고/개/넘/어/서 (사이사이 박수 한번)

한/고개/넘어서 (사이사이 박수 한번, 두 번, 세 번)

: 어르신들과 박수를 치며 전래동화에 대해 다시 한 번 이야기 나누기를 하며 옛 전래놀이에 대해 이야기한다.

- 떡장수 놀이를 해보니 어떤 느낌이 드나요?
- 왜 이런 놀이를 했을까요?

등등의 질문을 통해 전래놀이의 중요성을 다시 한 번 부각시킨다.

◆ **Review & Tip**

우리의 전래 놀아-떡 장수 놀이

떡장수 놀이는 평소에 부모님이 물건을 살 때 흥정하는 것을 보고 그렇게 해 보고 싶은 마음에서 만들어진 놀이이다. 물건을 사고 파는 것은 아주 중요한 것으로 '떡장수와 사는 사람이 흥정을 한다. 흥정이 깨진다. 그래서 화가 난 김에 떡을 발로 친다. 그러자 떡장수가 화가 나서 떡을 찬 사람을 쫓아가 잡는다.'는 하나의 이야기가 뼈대를 이룬다.

이런 서술형 놀이는 다른 놀이에서 찾을 수 없는 장점을 가지고 있다.

바로 술래와 앞사람이 흥정하는 부분이 그것이다. 술래와 떡장수의 흥정에는 아무런 대사도 준비되어 있지 않습니다. 한 사람은 흥정을 깨는 것이 목적이고 한 사람을 흥정을 붙이는 것이 목적이라 여기에서 누가 더 상황에 따라 임기응변이 강한가로 판가름됩니다. 흥정을 깨려고 해도 상대편이 전폭적으로 들어준다면 흥정이 깨지지 않을 고 그렇다고 무작정 찰 수도 없는 것이지요.

따라서 이 놀이에는 술래가 쫓고 쫓는 것이 주된 재미 요소가 아니라 맨 앞사람이 언제 저 떡을 찰까 긴장하게 되고 서로 진지하게 상대방을 설득하는 과정이 중요합니다.

흥정이 끝나지도 않고 차지도 않았는데 집으로 도망치는 소심하고 겁이 많은어르신은 맨 앞사람의 역할을 시켜 보는 것이 좋을듯합니다.

달팽이처럼 꼬불꼬불 달려야 하고 여러 명이 한꺼번에 달리다 보면 넘어져서 다치는 경우도 있으니 항상 조심해야 합니다.

🐹 동화 놀이 1

떡 썰기 대회

누가 누가 떡을 잘 써는지 떡 썰기 대회가 열렸어요.
아래 그림의 떡을 썰어서 접시에 담고 친구들의 떡과 비교해
보세요. 누구의 떡이 가장 예쁘게 썰어졌나요?

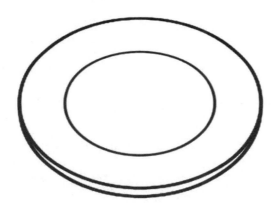

어떤 떡이 있을까?

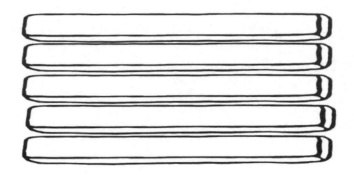

 동화 놀이 2

떡 하나 주면 안 잡아먹지

한 고개 넘고 두 고개 넘고 세 고개 넘어서 할머니는 호랑이와 딱 마주쳤지요.

할머니와 호랑이는 지금 어떤 마음일까요?

서로의 마음을 생각해서 생각주머니에 적어보세요.

요술맷돌

옛날하고도 먼 옛날, 아주 신기한 물건을 가진 임금님이 있었어요.

사람들은 그 물건이 무엇인지 너무너무 궁금했어요.

"혹시 도깨비 방망이가 아닐까?"

"아니야. 거울처럼 생겼다던데."

그 해 여름 가뭄이 들어 논과 밭이 쩍쩍 갈라졌어요.

"아이구, 이제 뭘 먹고 사나?"

그런데 이게 어찌된 일일까요?

임금님이 계시는 대궐에는 쌀이 넘쳐나는 거예요.

"이 쌀을 백성들에게 나누어 주도록 하여라."

임금님이 가지고 있는 신기한 물건 때문이었지요.

그런데 아주 날쌘 도둑이 임금님의 물건에 욕심을 부렸어요.

"흐흐흐, 그 신기한 물건을 훔쳐야지."

밤이 되자 도둑은 살금살금 임금님의 방으로 갔어요.

때마침 임금님의 주문 외우는 소리가 들렸어요.

"돌아라! 돌아라! 맷돌아! 금을 다오!"

스르륵스르륵, 금이 투두둑 나오는 소리가 들렸어요.

'아하! 신기한 물건이 바로 요술맷돌이었구나.'

임금님이 잠이 들자 도둑은 요술맷돌을 훔쳤지요.

"흐흐흐, 바람처럼 날쌘 날 잡지는 못할 걸."

밤새도록 도망가다 보니 바닷가에 다다랐어요.

"배를 타고 멀리멀리 도망가서 잘 먹고 잘 사는 거다!"

어느 덧 배는 바다 한가운데까지 나아갔어요.

"이제 슬슬 주문을 외워볼까?"

다른 나라에 도착할 때까지 도저히 참을 수가 없었거든요.

"그런데 어떤 것을 달라고 할까?"

도둑은 생각하다가 소금을 갖기로 결정했어요.

"소금은 비싸니까 팔아서 돈을 버는 거야."

도둑은 요술맷돌을 돌리며 주문을 외웠어요.

"돌아라! 돌아라! 맷돌아! 소금을 다오!"

하얀 소금은 마치 눈가루처럼 쌓이기 시작했어요.

"으하하하! 이제 난 부자가 되었다! 으하하하!"

소금은 그칠 줄 모르고 술술술 나왔지요.

그런데 이를 어쩌지요.

배 안은 금세 소금으로 꽉 찼어요.

"으악, 소금에 파묻히게 생겼어!"

"아이구, 이를 어째! 요술맷돌을 멈추어야 하는데."

하지만 요술맷돌을 멈추게 하는 주문은 알지 못했지요.

"어어어~ 배가 가라앉는다!"

도둑과 요술맷돌은 물속으로 들어가 영영 나오지 않았어요.

요술맷돌은 바다 속에서도 계속 소금을 만들어냈어요.

그래서 바닷물이 아주 짜게 되었답니다.

– 개작 : 성현주, 3분 원고 –

〈요술 맷돌〉 수업지도안

학습 목표	1. 전래동화를 듣고 상황을 상상하며 생각을 이야기 할 수 있다. 2. 전래동요에 맞추어 리듬감을 익히고 신체표현놀이를 할 수 있다. 3. 옛날과 오늘날의 도구와 기계에 대해 알 수 있다. 4. 전래놀이 〈쌀보리〉를 통해 사회적 상호능력을 기를 수 있다.
수업 방법	전래동요 부르기(이거리ˈ 저거리 각거리). 전래놀이하기 (쌀보리)
준비물	옛날과 오늘날 도구와 기계 사진 자료 (맷돌, 믹서기, 솥, 전기밥솥, 아궁이, 가스레인지 등등)

웃는 얼굴 예쁜 얼굴 만들기

"눈썹~ 올리고 윙크 윙크 윙크 윙크(오른쪽 왼쪽)"

"오른쪽 왼쪽 위 아래 한 번 더"

"얼굴 쭉~ 빼고 바람 가득"

"입 꼬리 올리고 개구리 뒷다리~(10초)"

: 웃는 얼굴 예쁜 얼굴 트레이닝은 수업 시작 전 항상 따라 해 보고 시작을 한다.

◆ **활동준비**

– 도구와 기계 사진 자료는 미리 준비해둔다.

◆ **도입**

1. 사진 자료 보며 이야기 나누기 & 동요 부르기 〈아껴줄래요〉 참고

: 옛날과 오늘날 쓰는 도구와 기계에 대한 이야기를 나누며 어떤 점이 편리해졌는지 이야기 해 본다.

– 이 도구는 어떻게 사용하는 것일까요? 무엇인지 알 수 있나요?

– 지금 이 물건을 대신하여 어떤 물건이 있지요?

예) 믹서기와 맷돌, 다듬이 돌과 다리미, 빨래판과 세탁기 등

◆ 전개

1. 전래동화 들려주기 & 동화 피드백

: 교사가 전래동화 〈요술 맷돌〉를 읽어주고 어르신들은 잘 들을 수 있도록 한다.

〈요술 맷돌〉에 대하여……

– 내용 중에 모르는 단어가 있었나요?

맷돌: 곡식을 가는 데 쓰는 기구.

둥글넓적한 돌 두 짝을 포개고 웃돌 아가리에 갈 곡식을 넣으면서 손잡이를 돌려서 간다.

시녀: 항상 몸 가까이에서 시중을 드는 여자

– 어떤 부분이 재미있었나요?

– 시녀는 왜 요술 맷돌을 훔쳤을까요?

– 요술 맷돌에게 소원을 말한다면 무엇을 달라고 하고 싶은가요?

– 제목을 바꾼다면 어떤 제목으로 하고 싶나요?

2. 요술맷돌 (활동지 5-1)에게 소원 빌기

: 신기한 요술 맷돌이 있다면 어떤 소원을 빌고 싶은지 생각해서 적어보고 이야기하는 활동입니다.

3. 재미있는 전래 동요 따라 하기– 이거리 저거리 각거리

: 전래동요를 먼저 들어보고 따라 해 본다.

기존의 알고 있는 동요와는 조금 다른 내용일 수 있다. 내용 그대로 따라 해 보고 느낌을 이야기 해 본다.

이거리 저거리 각거리

이거리 저거리 각거리
견사 만사 주머니 끈
똘똘 말아 장두칼
제비 딱딱 목암주
아희 건사 허리띠

〈평양지방〉
두 사람 또는 그 이상이 서로 엇갈리게 다리를 쭉 펴고 앉아 다리를 하나씩 짚어가며
놀이를 할 때 부르는 노래

– 다리를 엇갈리게 쭉 펴고 앉아 다리를 하나씩 짚어가며 놀이를 해 본다.
  흥이 나게 노래를 부르며 놀이를 해 본다.

4. 재미있는 전래놀이 –쌀보리

: 어디서든지 쉽게 할 수 있는 놀이로 두 사람이 마주보고 앉아서 할 수 있는
  놀이이다.
  나이에 상관없이 누구하고나 어울려 할 수 있는 전래놀이의 하나이다.

놀이 방법
① 마주 앉아 가위 바위 보를 한다.
② 손동작을 한다.
  감자에 (주먹) 싹이 나서(가위) 잎이 나서 (보자기) 유리 항아리-손을 자기 앞
  으로 돌리면서 '유리 항아'까지 한 후 '리'에서 각자 주먹, 가위, 보자기 중 한
  가지를 낸다.
③ 이 때 노래에 따른 동작이 틀리거나 마지막 가위바위보에서 지면 술래가 된다.
④ 술래는 두 손을 모아 야구 글러브처럼 만든다.
⑤ 이긴 사람은 술래의 손안에 자기 주먹을 넣으면서 '쌀'이나 '보리'를 외친다.
  이때 술래는 '쌀'의 경우 손을 잡아야 이기고 '보리'의 경우 손을 잡아도 소용

이 없다.

⑥ 이긴 사람은 '쌀'을 할 때는 손을 재빠르게 넣다 빼고 '보리'할 때는 천천히 넣는다.

⑦ '쌀'이라고 할 때 들어온 손을 술래가 잡으면 놀이가 끝나고 다시 처음부터 한다.

– 쌀보리 전래놀이를 함으로 눈과 손의 협응 능력, 순발력을 기를 수 있고 다른 사람과 함께 함으로써 사회적 상호능력을 기를 수 있다.

5. 퍼즐놀이 (활동지 5-2) 를 해 본다.

: 요술 맷돌을 다시 한 번 읽어본 후 퍼즐 맞추기 게임을 해 본다.

다소 어려워 할 수 있으므로 천천히 하나씩 맞출 수 있도록 문제를 제시하고 적어볼 수 있게 한다.

◆ **마무리**

전래동화 요술맷돌 박수치기를 해 본다.

요/ 술/ 맷/ 돌(사이사이 박수 한번)

요술/ 맷돌 (사이사이 두 번)

: 어르신들과 박수를 치며 전래동화에 대해 다시 한 번 이야기 나누기를 하며 옛 전래놀이에 대해 이야기한다.

– 쌀보리 놀이를 해보니 어떤 느낌이 드나요?

– 왜 이런 놀이를 했을까요?

등등의 질문을 통해 전래놀이의 중요성을 다시 한 번 부각시킨다.

◆ **Review & Tip**

우리의 전래 놀아–쌀보리

각 나라에서는 가위바위보와 같이 놀이의 시작을 위한 놀이가 있습니다.

보통 시작을 위한 놀이는 술래를 정하거나 순서를 정할 때 합니다. 따라서 시작을 위한 놀이는 앞으로 할 모든 놀이의 기초가 되므로 반복해서 연습해야 하고 능숙하게 원하는 대로 구사할 필요가 있습니다.

이 놀이는 가위바위보를 연습하기 위한 놀이로 시작되었지요. 아무런 동기 없이 가위바위보를 연습하기란 쉽지 않습니다. 따라서 주먹과 비슷한 감자의 성장 과정을 담은 간단한 노래와 더불어 동작을 연습하고 나아가 우리의 주식인 쌀과 보리로 마감합니다. 따라서 이 놀이는 어르신들끼리 다른 놀이를 하면서 생긴 놀이라기보다 의도를 가지고 만들어 퍼뜨린 놀이가 아닌가 싶습니다.

계속 주먹 가위 보자기를 반복해서 내게 하는 놀이의 흐름이 그렇습니다.

따라서 아직 가위바위보의 동작이 생각한 대로 자연스레 정확하게 되지 않는 어르신에게 이 놀이는 반드시 거쳐야 할 과정입니다. 게다가 술래는 놀이에서 불리하다는 것을 알게 하는 데도 도움이 되는 놀이입니다. 나아가 감자, 쌀, 보리 등 우리가 주로 먹는 곡식의 성장 과정을 자연스레 알게 하는 데도 좋습니다. 그런데 놀이를 하다 보면 계속 보리만 하는 어르신이 있습니다. 이 놀이의 목적인 가위바위보를 연습하는 데 방해가 되므로 처음에 다섯 번 이상의 보리를 하면 안 된다는 등의 약속을 정해 놓고 하는 것이 좋겠지요?

동화 놀이 1

요술맷돌이 있다면?

만일 나에게 신기한 맷돌이 있다면 어떤 소원을 빌고 싶나요?
소원을 적어보고 이야기 해 보세요.

동화 놀이 2

퍼즐놀이 1

가로 열쇠와 세로 열쇠를 잘 읽어보고 퍼즐을 풀어보세요.

①	⑥			⑦	
			②		
	③	⑧			
		④			
⑤					⑨

〈가로열쇠〉

① 옛날에 콩이나 쌀을 갈 때 사용한 도구는?
② 동화에서 맷돌을 처음 가지고 있었던 사람은?
③ 음식물을 깨물어 먹는 것으로 잘 닦지 않으면 썩는 것은?
④ 키가 크고 날씬하며 마디가 큰 나무는?
⑤ 맷돌을 훔쳐 달아난 사람은?

〈세로열쇠〉

⑤ 시간을 알고 싶을 때 보는 것은?
⑥ 옛날에 냇가를 건널 때 다리 대신 놓았던 것은?
⑦ 도장을 찍을 때 사용하는 것은?
⑧ 음료수나 우유를 먹을 때 사용하는 도구는?
⑨ 가위 바위 보의 바위의 다른 말은?

골라보세요

맷돌, 공주님, 이빨, 대나무, 공주님, 시계, 돌멩이, 인주, 빨대,

혹부리 영감

저 산 너머 양지마을에 혹부리 할아버지가 살고 있었어.

어느 날, 할아버지는 더덕을 캐기 위해 산으로 갔어.

"이거리 저거리 박거리~ 동서남북 왔다갔다~"

흥얼흥얼 노래를 부르며 더덕을 캐다보니 저녁이 되었어.

"늦었으니 저기 오두막집에서 자고 가야겠다."

그런데 빈 집에 혼자 있으려니 심심하였지.

그때 갑자기 마당에서 와자지껄 떠드는 소리가 들려왔어.

깜짝 놀란 할아버지는 방문 틈으로 살짝 내다보았지.

글쎄, 뿔 달린 도깨비들이 춤을 추고 있지 뭐니?

"이런, 도깨비한테 들키면 큰일이야."

하지만 도깨비들이 노는 모습을 보니 아주 재미있었어.

"허허허, 춤도 잘 추네."

그러다가 할아버지는 노래를 부르고 말았어.

"이거리 저거리 박거리~ 동서남북 왔다갔다~"

도깨비들은 할아버지의 노랫소리를 듣고 말았어.

혹부리 영감을 발견한 대장 도깨비가 불쑥 묻는 거야.

"영감, 그 노래는 어디서 나오는 거요?"

"네? 아, 네네. 이 혹에서 나옵니다요."

할아버지는 너무 무섭고 놀라서 거짓말을 하고 말았어.

그러자 대장도깨비가 할아버지 앞에 자루를 내놓았어.

"영감님, 금덩어리를 줄 테니 혹을 파시오."

"네? 네네. 알겠습니다."

주먹만 한 혹을 단 대장도깨비는 아주 아주 좋아했어.

그날 이후, 혹부리 할아버지 소문은 온 동네에 퍼졌어.

옆 마을에 사는 욕심쟁이 혹부리 할아버지는 심술이 났어.

"뭐라고? 혹을 떼 주고 금덩어리를 얻어왔다고?"

욕심쟁이 할아버지도 오두막집으로 가서 노래를 불렀어.

"봄이 왔네. 꺼억! 봄이 와~ 꺼억!"

바로 그때, 방문이 벌컥 열리더니 도깨비들이 들어왔어.

그런데 도깨비들은 얼굴을 찡그리며 막 화를 냈지 뭐니.

"이 거짓말쟁이 영감! 혼 좀 나 봐라."

"이 혹에서 노래가 나오지 않는단 말이야."

"에라! 쓸데없는 이 혹이나 가져 가!"

그 바람에 욕심쟁이 혹부리 할아버지는 혹 하나를 더 얻게 되었지.

오른쪽에 덜렁덜렁 혹 하나!

왼쪽에 달랑달랑 혹 하나!

"아이구, 욕심 부리다 혹이 두 개나 되었구나. 아이구~"

그래서 혹혹부리 할아버지가 되었단다.

— 개작 : 성현주, 3분 원고 —

〈혹부리 영감〉 수업지도안

학습 목표	1. 전래동화를 듣고 상황을 상상하며 생각을 이야기 할 수 있다. 2. 전래동요에 맞추어 리듬감을 익히고 신체표현놀이를 할 수 있다. 3. 우리 전통 춤과 탈에 대해 관심을 가질 수 있다. 4. 전래놀이 〈실뜨기〉를 통해 실의 모양을 예측할 수 있고 구상할 수 있다.
수업 방법	전래동요 부르기(가자 가자 놀러 가자). 전래놀이하기 (실뜨기)
준비물	여러 가지 탈 그림 자료, 실뜨기용 털 실

웃는 얼굴 예쁜 얼굴 만들기

"눈썹~ 올리고 윙크 윙크 윙크 윙크 (오른쪽 왼쪽)"

"오른쪽 왼쪽 위 아래 한 번 더"

"얼굴 쭉~ 빼고 바람 가득"

"입 꼬리 올리고 개구리 뒷다리~(10초)"

: 웃는 얼굴 예쁜 얼굴 트레이닝은 수업 시작 전 항상 따라 해 보고 시작을 한다.

◆ **활동준비**

– 여러 가지 탈 그림 자료는 미리 준비해둔다.

◆ **도입**

1. 노래 부르기 〈잘살아보세〉 한운사 작사 김희조 작곡 참고

: 새마을 운동 노래 잘살아보세 노래를 나무 하러 가세로 개사하여 불러보고 느낌을 이야기 해 본다.

잘 살아보세

잘 살아보세 잘 살아 보세
우리도 한 번 잘 살아보세

나무하러 가세

나무하러 가세 나무하러 가세
깊은 산속에 나무하러 가세

◆ 전개

1. 전래동화 들려주기 & 동화 피드백

: 교사가 전래동화 〈혹부리 영감〉를 읽어주고 어르신들은 잘 들을 수 있도록
한다.

〈혹부리 영감〉에 대하여……

– 내용 중에 모르는 단어가 있었나요?

혹: 병적으로 불거져 나온 살덩이

– 어떤 부분이 재미있었나요?

– 무서움을 참으려고 한 영감은 어떻게 했지요?

– 도깨비들에게 노래가 어디서 나온다고 했나요?

– 제목을 바꾼다면 어떤 제목으로 하고 싶나요?

2. 혹부리 영감 생각카드 (활동지 6-1) 그림보고 이야기 하기

: 혹부리 영감 생각카드를 자르고 그림 속의 상황을 상상해서 이야기 해보는 활동이다.

3. 우리 나라 전통 춤과 탈

: 탈이 무엇인지 알려주고 여러 가지 탈 그림자료를 이용하여 탈에 대해 이야기 해 본다.

탈: 얼굴을 감추거나 달리 꾸미기 위하여 나무, 종이, 흙 따위로 만들어 얼굴에 쓰는 물건

– 옛날에는 왜 탈을 쓰고 춤을 추었을까요?

– 어떤 종류의 탈이 있는지 알아볼까요?

4. 재미있는 전래 동요 따라 하기– 가자 가자 놀러 가자

: 전래동요를 먼저 들어보고 따라 해 본다.

기존의 알고 있는 동요와는 조금 다른 내용일 수 있다. 내용 그대로 따라 해 보고 느낌을 이야기 해 본다.

가자 가자 놀러 가자

가자 가자 놀러 가자
뒷동산에 놀러 가자
꽃도 따고 소꿉 놀 겸
겸사겸사 놀러 가자
복순일랑 색시 내고
이쁜일랑 신랑 삼아
꽃과 풀을 모아다가
조가비로 솥을 걸고
재미있게 놀아보자

〈대구지방〉
소꿉놀이 할 때 부르는 노래

4. 재미있는 전래놀이―실뜨기

: 별다른 준비물 없이 실만 있으면 즐길 수 있는
놀이로 여럿이 함께 어울려 놀이 할 수도 있다.
실뜨기를 통하여 눈 손 협응력을 키울 수 있으
며 어떤 움직임을 통해 실의 모양을 어떻게 변
형시킬 수 있는지 예측해보고 구상할 수 있다.

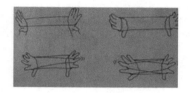

놀이 방법

실뜨기의 기본이 되는 모양

① 양 손의 손가락 둘레로 실을 감는다.

② 실을 양손에 걸어 고리를 한 번 더 만든다.
  오른손 가운뎃손가락으로 왼손 바다에 있는 실을 걸어온다.

④ 왼손도 오른손같이 해서 당기면 '날틀'이 된다.

실뜨기1

① 엄지와 검지로 실이 교차하는 곳(X)을
  잡는다.

② X자의 교차점을 꼭 집은 상태에서 그
  림과 같이 밖으로 잡아당긴다.

③ 교차점을 잡은 상태에서 당겼다가 밑
  에서 위로 올려 떠 본다.

④ 두 손을 양쪽으로 잡아당기면 잡고 있
  던 실을 놓으세요 바둑판이 된다.

실뜨기2

① 실이 교차한 곳에 엄지와 검지를 세워
  잡아준다.

② 실을 잡은 채로 위로 올려 밖으로 잡아
  당긴다.

③ 양 손을 바깥쪽에 있는 실의 아래로 빙 돌려 가운데 비어 있는 공간으로 떠
   본다.

④ 실을 놓으면 양 손 엄지 손가락과 집게 손가락을 벌려 양쪽으로 잡아당기면
   젓가락이 된다.

5. 도깨비나라 (활동지6-2) 를 해 본다.
   : 셀로판지를 이용해서 색도깨비를 만들어보고 이름을 지어보는 활동이다.

◆ 마무리

전래동화 혹부리영감 박수치기를 해 본다.
혹/부/리/영/감 (사이사이 박수 한번)
혹부리/ 영감 (사이사이 두 번)
: 어르신들과 박수를 치며 전래동화에 대해 다시 한 번 이야기 나누기를 하며
  옛 전래놀이에 대해 이야기한다.

◆ Review & Tip

우리의 전래 놀아-실뜨기
실만 있으면 어디서나 할 수 있는 놀이로 우리나라 뿐 아니라 전 세계 어느 곳
에서나 행하는 놀이입니다.
다만 우리나라 실뜨기는 반드시 둘이 한다는 차이점이 있습니다.
사람들이 살아가는 데 필수인 의식주(衣食住) 중에서 의(衣)부분을 해결하는 것
이 바로 실입니다.
옛날에는 옷감을 만드는 실을 자연에서 얻었는데 그 실을 얻기까지의 과정이 매
우 힘들었습니다. 실로 옷감을 만들어 옷을 지어 입었으므로 조상들은 실을 무
척 소중하게 여겼습니다. 작은 실 조각 하나라도 버리지 않고 매듭을 지어 사
용하였지요.
그러한 실을 이용한 실뜨기 놀이의 재미와 오묘함!
실이 얽히고 설켜서 여러 가지 모양을 만들어내는 데 대한 신기함과 자기 만족

감이 이 놀이를 계속하게 하는 핵심입니다. 실뜨기 놀이를 하는 데는 손가락을
자유롭게 움직이는 유연성과 다음에 어떤 모양이 나올 것인가를 미리 생각하는
힘이 필요합니다. 이 놀이를 여러 번 반복 하다 보면 손가락을 정교하게 움직일
수 있고 추리력을 기를 수 있습니다.

🐻 동화 놀이 1

혹부리 영감 생각카드

혹부리 영감 생각 카드를 자르고 그림 속의 상황을 상상해 보고 이야기 해 보세요.

🐾 동화 놀이 2

도깨비 나라에 가봤더니!

이상하고 아름다운 도깨비 나라에는 어떤 도깨비들이 살고 있을까요?
도깨비의 배 부분을 잘라내고 뒤에 색 셀로판지를 붙여서 도깨비를 꾸며 보세요.
그리고 도깨비의 이름을 지어 보세요.

삼년 고개

아주 깊고 깊은 산속에 깔딱마을이 있었어요.

고개를 넘고 또 고개를 넘어야 갈 수 있는 마을이었지요.

"에고, 힘들다. 힘들어."

순이 할머니는 산나물을 캐고 집으로 돌아가는 길이었어요.

그런데 이를 어쩌지요?

"어이쿠쿠, 엉덩이야."

할머니는 삼년고개에서 넘어지고 말았지요.

집으로 돌아온 할머니는 시름시름 앓기 시작했어요.

"아이고, 하필이면 삼년고개에서 넘어지다니. 아이고~"

며느리는 할머니의 손을 잡고 막 울었어요.

"어머님, 어떡해요? 삼년고개에서 넘어지면 삼 년 밖에 못 산다는데."

순이는 할머니 손을 꼭 잡고 위로해주었어요.

"할머니, 괜찮으실 거예요. 힘내세요."

이 소문은 깔딱마을에 쫘악 퍼졌지요.

♫할머니는 삼 년 밖에 못 산 대요.

　수군수군 거리는 동네 사람들♫

"에이구, 할머니가 불쌍해서 어떡하누?"

"글쎄 말이유, 평생토록 고생만 했구만."

동네사람들도 모두 할머니 걱정을 했어요.

♫할머니는 삼 년 밖에 못 산대요.

바람 따라 그 소문은 퍼져갔어요.♫

그러던 어느 날이었어요.

순이 친구 돌이가 쌩하니 할머니 집으로 달려왔어요.

"할머니, 걱정 마세요! 삼년고개에 가서 다시 넘어지면 돼요."

"뭬라고? 또 넘어지라고?"

돌이는 싱긋 웃더니 씩씩하게 노래를 부르기 시작했어요.

♫두 번 넘어지면 육 년!

세 번 넘어지면 구 년!♫

할머니의 얼굴이 갑자기 환해졌어요.

"아이구, 정말 그렇구나."

돌이와 순이는 할머니를 모시고 삼년고개 아래로 갔어요.

"할머니, 조심조심해서 구르세요!"

돌이와 순이는 방긋 웃으며 숫자를 세었지요.

"하~나! 삼년이요!"

"데구르르르~ 좋구나. 좋아!"

"두~울! 육년이요!"

"데구르르르~ 얼씨구나. 좋다."

할머니는 일부러 자꾸자꾸 넘어졌지요.

"할머니! 백 살 넘도록 사세요!"

"오냐, 오냐! 고맙다."

그 후, 할머니는 아주 아주 건강하게 잘 살았답니다.

— 개작 : 성현주, 3분 원고 —

〈삼 년 고개〉 수업지도안

학습 목표	1. 전래동화를 듣고 상황을 상상하며 생각을 이야기 할 수 있다. 2. 전래동요에 맞추어 리듬감을 익히고 신체표현놀이를 할 수 있다. 3. 동화 속의 내용을 소재로 셈을 할 수 있다. 4. 전래놀이 〈어깨동무 씨동무〉를 통해 친구의 소중함을 알 수 있다.
수업 방법	전래동요 부르기(어디까지 갈래), 전래놀이하기 (어깨동무 씨동무)
준비물	

웃는 얼굴 예쁜 얼굴 만들기

"눈썹~ 올리고 윙크 윙크 윙크 윙크 (오른쪽 왼쪽)"

"오른쪽 왼쪽 위 아래 한 번 더"

"얼굴 쭉~ 빼고 바람 가득"

"입 꼬리 올리고 개구리 뒷다리~(10초)"

: 웃는 얼굴 예쁜 얼굴 트레이닝은 수업 시작 전 항상 따라 해 보고 시작을 한다.

◆ **활동준비**

　　－

◆ **도입**

1. 노래 부르기 〈도깨비 나라〉 박태준 작곡 참고

　: 도깨비 나라 노래를 삼 년 고개로 개사하여 불러보고 느낌을 이야기 해 본다.

> **도깨비 나라**
>
> 이상하고 아름다운 도깨비 나라
> 방망이로 두들기면 무엇이 될까
> 금나와라 와라 뚝딱 은 나와라 와라 뚝딱
>
> **삼 년 고개**
>
> 이상하고 이상한 삼 년 고개
> 넘어지면 삼 년밖에 못 산대요
> 두 번 넘어지면 육 년
> 세 번 넘어지면 구 년

◆ **전개**

1. **전래동화 들려주기 & 동화 피드백**

: 교사가 전래동화 〈삼 년 고개〉를 읽어주고 어르신들은 잘 들을 수 있도록 한다.

〈삼 년 고개 〉에 대하여……

‒ 내용 중에 모르는 단어가 있었나요?

고개: 산이나 언덕을 넘어 다니도록 길이 나 있는 비탈진 곳

꾀: 일을 잘 꾸며 내거나 해결해 내거나 하는, 묘한 생각이나 수단

‒ 어떤 부분이 재미있었나요?

‒ 한 번 넘어진 할머니 마음은 어땠나요?

‒ 영리하고 꾀가 많은 소년은 어떻게 말을 했나요?

‒ 제목을 바꾼다면 어떤 제목으로 하고 싶나요?

2. **다른 그림 찾기 (활동지 7‒1)**

: 동화 속 내용을 소재의 그린 두 그림을 잘 살펴보고 다른 그림을 찾아보는 활동으로 관찰력과 민첩성을 기를 수 있다.

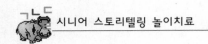

3. 삼 년 고개 (활동지 7-2)

    : 한 번 넘어지면 3년, 두 번 넘어지면 몇 년을 살 수 있을까?

    그림에 있는 고개에서 넘어지면 몇 년을 살 수 있을지 세어보고 적어보는 활
    동으로 3배수에 대한 개념을 알 수 있는 활동이다.

4. 재미있는 전래 동요 따라 하기- 어디까지 갈래

    : 전래동요를 먼저 들어보고 따라 해 본다.

    기존의 알고 있는 동요와는 조금 다른 내용일 수 있다. 내용 그대로 따라 해
    보고 느낌을 이야기 해 본다.

4. 재미있는 전래놀아-어깨동무 씨동무

    : 서로 어깨를 걸고 노래를 부르며 '어깨동무 씨동무'놀이를 해 본다.

어디까지 갈-래

어디까지 갈 - 래
서울까지 갈 - 래
남산까지 갈 - 래
마산까지 갈 - 래

<충남지방>
동무들끼리 모여 누가 멀리 뛰나 내기를 할 때 부르는 노래

놀이 방법

① 갔다 올 지점을 먼저 정한다.

② 술래는 없고 노래가 끝나는 지점에 한 사람씩 떼어 놓는다.

③ 마지막 한 사람이 남으면 되돌아온다.

④ 되돌아오면서 갈 때 떼어 놓은 사람을 한 사람씩 다시 데리고 온다.

어깨동무 씨동무

어깨동무 씨동무 미나리 밭에 앉았다
어깨동무 까치동무 보리가 나도록 살아라

◆ **마무리**

전래동화 삼 년 고개 박수치기를 해 본다.

삼/년/고/개(사이사이 박수 한번)

삼 년/ 고개 (사이사이 두 번)

: 어르신들과 박수를 치며 전래동화에 대해 다시 한 번 이야기 나누기를 하며
  옛 전래놀이에 대해 이야기한다.

◆ **Review & Tip**

우리의 전래 놀이-어깨동무 씨동무

유아기는 가족과 집 안에서 생활하다가 서서히 주위 사람들을 보게 되고 자기와
비슷한 친구에게 관심을 갖기 시작할 때입니다. 소꿉놀이도 하고 함께 어울려
간단한 놀이도 하면서 서로 친해집니다. 어느 정도 친해지면 어디 갈 때에도 손
을 잡거나 어깨를 겯게 됩니다.

이런 자연스런 성장의 표현과 노래가 합쳐져 생긴 놀이가 바로 어깨동무 놀이입니다.
따라서 아주 오래 전에 생겨난 놀이로 추측할 수 있습니다.

게다가 탈 것이 없던 시기에 주로 걸어서 먼 거리를 가다 보면 힘들고 지루하므
로 이 놀이를 하면서 힘든 것과 지루함을 달랬을 겁니다.

놀이 방법이 간단하고 노래도 있어 전국 어느 곳에서나 널리 했는데 요즈음 거
의 자취를 감추었습니다.

특히 '동무'란 말이 북한에서 사용하는 말이라 하여 학교에서 쓰지 않도록 하는
바람에 덩달아 '어깨동무'도 사라졌습니다. 그러나 동무는 순 우리말로 사상과
이념을 떠나 "친하게 어울리는 사람. 벗", "어떤 일에 짝이 되거나 함께 일하는
사람"이란 좋은 뜻을 가지고 있습니다. 그런 의미에서도 어르신들이 이 놀이를
놀게 하여 '동무'란 말이 살아나도록 하면 좋겠습니다.

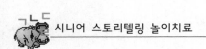
🐘 동화 놀이 1

어디가 다를까?

왼쪽의 할머니 그림을 잘 보고 오른쪽 할머니 그림에서 다른 그림 5군데를
찾아 ○표시 해 보세요.

🐹 동화 놀이 2

몇 년을 살 수 있을까?

이상하고 이상한 삼 년 고개. 넘어지면 삼 년 밖에 못살지요.

아래 고개에서 넘어지면 할머니는 몇 년을 살 수 있을지 세어보고 적어보세요.

금도끼 은도끼

옛날 옛날 한 옛날에 착하고 부지런한 나무꾼이 살고 있었어요.

"♬나무하러 가세! 나무하러 가세!♬"

이른 새벽부터 저녁 늦게까지 열심히 일을 했지요.

그러던 어느 날, 나무를 하다가 도끼를 연못에 빠뜨리고 말았어요.

나무꾼은 털버덕 주저앉아 울었어요.

"흑흑, 이제 도끼조차 없으니 어떡한담. 어머니도 편찮으신데……."

나무꾼은 무릎을 꿇고 기도하기 시작했어요.

"산신령님, 산신령님! 제발 도와주세요."

"펑!"

잠시 후, 연못 위로 수염이 하얀 산신령이 나타났어요.

"산신령님, 제가 잘못해서 도끼를 연못에 빠뜨렸어요."

"그래, 알고 있느니라. 잠깐만 기다려라."

산신령은 연못에서 번쩍번쩍 빛나는 금도끼를 들고 나왔어요.

"이것이 네 도끼냐?"

"아닙니다요."

이번엔 반짝반짝 빛나는 은도끼를 들고 나왔어요.

"이것이 네 도끼냐?"

"그것도 아닙니다요."

한참 뒤 산신령은 반질반질하게 닳은 쇠도끼를 들고 나왔어요.

"이것이 네 도끼냐?"

"네. 맞습니다요."

나무꾼은 꾸벅 절을 하며 좋아했지요.

"금도끼 은도끼를 보고도 욕심을 내지 않으니 너는 참으로 정직한 사람이구나!"

산신령은 한참을 웃고 나더니 금도끼 은도끼 두 개를 다 주었어요.

"옜다! 선물이다!"

"네? 이걸 왜 저에게?"

"이걸로 어머님 약값도 하고 장가도 가거라!"

"고맙습니다. 산신령님! 이 은혜를 잊지 않겠습니다."

나무꾼은 굽신굽신 열 번도 넘게 절을 했지요.

집으로 돌아온 나무꾼은 어머니께 산에서 있었던 일을 이야기했어요.

"우리 아들 효성에 산신령님도 감동했구나."

"어머님, 좋은 약을 지어올 테니 이제 걱정 마세요."

그 후 나무꾼은 결혼도 하고 어머니를 모시고 행복하게 살았답니다.

- 개작 : 성현주, 3분 원고 -

〈금도끼 은도끼〉 수업지도안

학습 목표	1. 전래동화를 듣고 상황을 상상하며 생각을 이야기 할 수 있다. 2. 전래동요에 맞추어 리듬감을 익히고 신체표현놀이를 할 수 있다. 3. 금도끼 은도끼 역할 극을 할 수 있다. 4. 전래놀이 〈여우놀이〉를 통해 서로를 이해하고 협력할 수 있다..
수업 방법	전래동요 부르기(칼로 찔러 피나무), 전래놀이하기 (여우놀이)
준비물	

웃는 얼굴 예쁜 얼굴 만들기

"눈썹~ 올리고 윙크 윙크 윙크 윙크 (오른쪽 왼쪽)"

"오른쪽 왼쪽 위 아래 한 번 더"

"얼굴 쭉~ 빼고 바람 가득"

"입 꼬리 올리고 개구리 뒷다리~(10초)"

 : 웃는 얼굴 예쁜 얼굴 트레이닝은 수업 시작 전 항상 따라 해 보고 시작을 한다.

◆ **활동준비**

 -

◆ **도입**

1. 노래 부르기 〈퐁당퐁당〉 윤석중 작사, 홍난파 작곡 참고

 : 노래를 부르며 리듬에 맞춰 손뼉치기를 표현할 수 있도록 한다.

> **박수는 이렇게 쳐볼까요?**
>
> 박수 두 번 손뼉 두 번 윙크하고 윙크 하고
> 박수 두 번 손뼉 두 번 윙크하고 윙크 하고
>
> 박수 두 번 손뼉 두 번 옆 사람 손뼉치기(4번)
> 박수 두 번 손뼉 두 번 옆 사람 손뼉치기(4번)
>
> 박수 두 번 손뼉 두 번 윙크하고 윙크 하고
> 박수 두 번 손뼉 두 번 윙크하고 윙크 하고
>
> 박수 두 번 손뼉 두 번 옆 사람 손뼉치기(4번)
> 박수 두 번 손뼉 두 번 옆 사람 손뼉치기(4번)

◆ 전개

1. 전래동화 들려주기 & 동화 피드백

   : 교사가 전래동화 〈금도끼 은도끼〉를 읽어주고 어르신들은 잘 들을 수 있도록
   한다.

   〈금도끼 은도끼〉에 대하여……

   − 내용 중에 모르는 단어가 있었나요?

   − 어떤 부분이 재미있었나요?

   − 산신령은 나와서 뭐라고 말을 했나요?

   − 왜 산신령은 나무꾼에게 선물을 주었나요?

   − 제목을 바꾼다면 어떤 제목으로 하고 싶나요?

2. 번쩍번쩍 금도끼 은도끼 (활동지 8-1)

   : 노란 셀로판지와 은박지를 이용해서 금도끼와 은도끼를 꾸며보는 활동입니다.

3. 역할극 하기

: 교사-해설과 산신령, 어르신-나무꾼

> 교 사: 옛날 옛날에 나무꾼이 살았어, 나무를 하다가 도끼를 연못에 빠뜨렸지.
>
> 어르신: "아이쿠 이걸 어떡한담."
>
> 교 사: 잠시 후, 연못에서 신령님이 도끼를 들고 나타났어. 신령님은 금도끼를 가리키며 물었지
>   "노란 금도끼가 네 것이냐?"
>
> 어르신: "아니옵니다."
>
> 어르신: 이번엔 은도끼를 가리키며 물었어, "하얀 은도끼가 네 것이냐?"
>
> 어르신: "아니옵니다."
>
> 교 사: "허허허, 너는 참으로 정직하구나!" 하얀 수염 신령님을 환하게 웃었어.
>   "옛다! 착한 상이다. 받아라!" 금도끼 은도끼까지 주셨지
>
> 어르신: 신령님, 고맙습니다.
>
> 교 사: 나무꾼은 싱글벙글 행복하게 살았대.

- 역할극을 바꾸어서도 해 보고 어떤 느낌이 드는지 이야기 해 본다.

4. 재미있는 전래 동요 따라 하기- '피가 나서 피나무'

- 원래 제목은 '칼로 찔러 피나무'이나 듣는 이(어르신, 유아 등)를 감안하여 '피가 나서 피나무'로 수정한 것임

: 전래동요를 먼저 들어보고 따라 해 본다.

기존의 알고 있는 동요와는 조금 다른 내용일 수 있다. 내용 그대로 따라 해 보고 느낌을 이야기 해 본다.

피가 나서 피나무

피가 나서 피나무
가다 보니 가닥나무
오다 보니 오동나무
십리 절반 오리나무
방귀 뀄다 뽕나무
입맞췄다 쪽나무

<남해지방>
나무 이름의 음성적 특성을 살려 재미있게 꾸며 부르는 노래

5. 재미있는 전래놀이–여우놀이

: 노래를 주고 받으며 하는 이 놀이는 농촌은 물론 도시의 골목 등 전국적으로 행해지는 놀이이다.

아무런 도구 없이 쉽게 할 수 있으며 대화식의 노래가 놀이의 참 맛을 느끼게 해준다. 여기게 쫓고 쫓기는 활동적인 장면이 추가되어 놀이의 활력을 더해준다.

놀이 방법

① 가위바위보로 술래를 정한다.

② 출발선과 작은 동그라미를 그리고 여우가 된 술래는 그 안에 뒤돌아 앉아 있는다.

③ 여우가 아닌 사람은 출발선에서부터 다음과 같이 노래 부르며 한 발 한 발 다가선다.

– 한 고개 넘어서 아이고 다리야

– 두 고개 넘어서 아이고 허리야

– 세 고개 넘어서 아이고 어깨야

④ 여우가 가까이 가면 노래를 한다.

– 여우야 여우야 뭐하니 (술래) 잠잔다 (어르신들) 잠꾸러기

- 여우야 여우야 뭐하니 (술래) 세수한다 (어르신들) 멋쟁이
- 여우야 여우야 뭐하니 (술래) 밥 먹는다 (어르신들) 무슨 반찬
- (술래) 개구리 반찬 (어르신들)죽었니 살았니 (술래)죽었다 또는 살았다

⑤ 노래 끝에서 여우의 결정에 따라 나머지 사람이 움직인다.

- 살았다고 할 경우: 재빨리 출발선으로 뛰어간다. 출발선까지 오지 못했는데 술래가 치면 그 사람이 술래
- 죽었다고 할 경우: 움직이지 않고 멈춰 있어야 한다.

⑥ 술래가 한 사람도 치지 못하면 다시 술래가 된다.

⑦ 술래에게 채인 사람이 있으면 그 사람이 술래가 된다. 만약 여러 명이면 가위바위보로 술래를 정한다.

⑥ 술래가 다시 여우가 되어 놀이를 시작한다.

6. 나를 도와준 친구는? (활동지 8-2)

: 산신령이 나무꾼을 도와준 것처럼 나를 도와 준 친구의 모습을 그려보고 어떤 상황이었는지 말을 해 보는 활동이다.

◆ 마무리

전래동화 금도끼 은도끼 박수치기를 해 본다.

금/ 도/ 끼/ 은/ 도/ 끼 (사이사이 박수 한번)

금도끼 / 은도끼 (사이사이 세 번)

: 어르신들과 박수를 치며 전래동화에 대해 다시 한 번 이야기 나누기를 하며 옛 전래놀이에 대해 이야기한다.

◆ Review & Tip

우리의 전래 놀이-여우놀이

옛날부터 '토끼놀이', '뱀 잡기' 라고도 불리던 이 놀이는 아주 오래 전부터 해 오던 전래놀이입니다.

꽤 오래 전부터 했기 때문에 우리 나라 어느 곳에서나 쉽게 볼 수 있고 요즘도

많이 하는 놀이이지요.

가까운 일본에서도 이와 비슷한 놀이가 있는데 아무런 도구 없이 어느 곳에서나 쉽게 만들 수 있는 형태의 놀이이기에 일본에서 전해진 놀이라고는 할 수 없습니다.

문답식 노래가 놀이를 설명하는, 즉 노래에 따라 하면 되는 간단한 놀이이므로 지도에 큰 어려움은 없을 듯 합니다.

여우가 어떻게 말을 할까?

숨막히는 긴장감이 이 놀이의 재미요소입니다. 따라서 놀이를 할 때 너무 멀리서 노래를 시작하면 여우가 멀어서 칠 수 없는 경우가 종종 있습니다. 갈 수 있는 데까지 가까이 가서 여우놀이를 해야 놀이의 참 맛을 느낄 수 있답니다.

동화 놀이 1

번쩍번쩍 금도끼 은도끼

산신령은 나무꾼에게 금도끼 은도끼를 선물로 주었어요.
노란 셀로판지와 은박지를 이용해서 금도끼와 은도끼를 꾸며보세요.

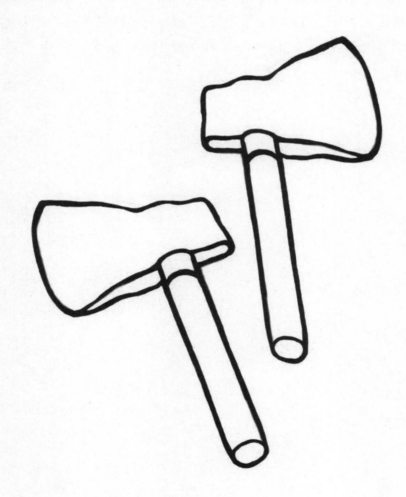

🐗 동화 놀이 2

고마워! 친구야!

산신령이 나무꾼을 도와준 것처럼 나를 도와 준 친구의 모습을 아래에 그리고, 어떻게 도와 주었는지 말해 보세요.

산신령님 도끼를 건져 주셔서 감사합니다.

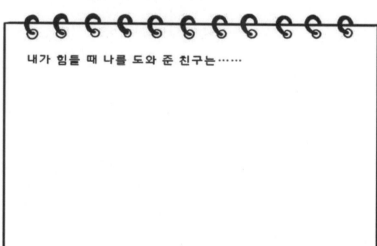

내가 힘들 때 나를 도와 준 친구는……

이상한 샘물

옛날 어느 산골 마을에 할아버지와 할머니가 살고 있었어.

"우리도 남들처럼 자식이 있었으면 얼마나 좋겠수."

"허허, 이제 와서 그런 말이 무슨 소용이 있소."

할아버지는 지게를 지고 산속으로 들어갔어.

그런데 갑자기 숲 속에서 이상한 소리가 들리는 거야.

"꺅! 까아악! 까악!"

할아버지는 얼른 소리 나는 곳으로 달려가 보았어.

"저, 저런! 독사가 어치 새끼들을 해치려 하다니!"

할아버지는 작대기를 휘둘러 독사를 쫓아내었지.

그런데 어치가 할아버지 목에 걸었던 수건을 홱 낚아채 날아가는 거야.

"아니, 네 새끼를 구해주었는데 왜 그러느냐?"

한참을 날아가던 어치는 작은 옹달샘 위에 수건을 떨어뜨렸어.

"허허, 그 녀석도 참! 물 먹으라고 여기까지 온 게야?"

마침 목이 말랐던 할아버지는 샘물을 꿀꺽꿀꺽 마셨어.

그런데 이게 웬일이야?

할아버지는 졸음이 쏟아져서 낮잠을 잤어.

한 숨 자고 난 할아버지는 이상하게도 힘이 불끈불끈 나는 것 같았어.

"이상하네? 왜 이렇게 발걸음이 가뿐하지?"

그때 할머니는 문 밖에서 할아버지를 기다리고 있었어.

그런데 산 쪽에서 웬 젊은 청년이 내려오는 거야.

"젊은이, 혹시 산에서 할아버지 못 보았소?"

"아니, 할멈! 날 보고 젊은이라니? 무슨 소리요?"

"영감! 어떻게 된 일이오? 영감 젊었을 때 모습으로 변했어요."

그제야 할아버지는 할머니에게 이상한 샘물 이야기를 해 주었어.

할머니도 이상한 샘물을 마시고 젊은 아낙네로 모습이 바뀌었지.

이 소문을 들은 욕심 많은 영감이 찾아왔어.

"이봐! 어떻게 해서 그렇게 젊어졌는지 가르쳐 주게."

욕심 많은 영감은 커다란 바가지를 들고 산속으로 갔어.

"히히히, 내가 더 젊어져야지."

한 바가지, 두 바가지, 세 바가지······.

다음날이 되어도 욕심 많은 영감은 집으로 돌아오지 않았어.

부부는 걱정이 되어서 샘물로 가 보았지.

그랬더니 글쎄 웬 아기가 누워 잠자고 있지 뭐니?

"이런, 욕심 많은 영감이 샘물을 너무 많이 마셨구려."

"영감, 이 아기는 어떡해요?"

"어떡하긴, 우리가 키워야지."

부부는 아기를 키우며 행복하게 잘 살았단다.

– 개작 : 성현주, 3분 원고 –

〈이상한 샘물〉 수업지도안

학습 목표	1. 전래동화를 듣고 상황을 상상하며 생각을 이야기 할 수 있다. 2. 전래동요에 맞추어 리듬감을 익히고 신체표현놀이를 할 수 있다. 3. 옛날과 오늘날의 다른 점을 발견하고 이야기 할 수 있다. 4. 전래놀이 〈공기놀이〉를 통해 수의 개념을 기르고 규칙을 지킬 수 있다.
수업 방법	전래동요 부르기(새는 새는 나무에서 자고), 전래놀이하기 (공기 놀이)
준비물	돌멩이 공기 혹은 플라스틱 공기

웃는 얼굴 예쁜 얼굴 만들기

"눈썹~ 올리고 윙크 윙크 윙크 윙크 (오른쪽 왼쪽)"

"오른쪽 왼쪽 위 아래 한 번 더"

"얼굴 쭉~ 빼고 바람 가득"

"입 꼬리 올리고 개구리 뒷다리~(10초)"

 : 웃는 얼굴 예쁜 얼굴 트레이닝은 수업 시작 전 항상 따라 해 보고 시작을 한다.

◆ **활동준비**

 – 공기는 너무 날카롭지 않은 것으로 준비해둔다.

◆ **도입**

1. 노래 부르기 〈퐁당퐁당〉 윤석중 작사, 홍난파 작곡 참고

 : 노래를 부르며 리듬에 맞춰 손뼉치기를 표현할 수 있도록 한다.

박수는 이렇게 쳐볼까요?

박수 두 번 손뼉 두 번 윙크하고 윙크 하고
박수 두 번 손뼉 두 번 윙크하고 윙크 하고

박수 두 번 손뼉 두 번 옆 사람 손뼉치기(4번)
박수 두 번 손뼉 두 번 옆 사람 손뼉치기(4번)

박수 두 번 손뼉 두 번 윙크하고 윙크 하고
박수 두 번 손뼉 두 번 윙크하고 윙크 하고

박수 두 번 손뼉 두 번 옆 사람 손뼉치기(4번)
박수 두 번 손뼉 두 번 옆 사람 손뼉치기(4번)

◆ 전개

1. 전래동화 들려주기 & 동화 피드백

   : 교사가 전래동화 〈이상한 샘물〉를 읽어주고 어르신들은 잘 들을 수 있도록
   한다.

   〈이상한 샘물〉에 대하여……

   – 내용 중에 모르는 단어가 있었나요?

   – 어떤 부분이 재미있었나요?

   – 할아버지가 샘물을 마시고 어떻게 변했나요?

   – 너무 많이 마신 옆집 할아버지는 어떻게 됐지요?

   – 제목을 바꾼다면 어떤 제목으로 하고 싶나요?

2. 이렇게 달라졌어요. (활동지 9–1)

   : 그림을 보고 어떤 결과가 나올 지 상상해보는 활동입니다.

   원인과 결과에 대한 활동이므로 충분한 이야기를 통해 어떤 원인으로 어떤 결

과가 나왔는지 예측해보세요.

3. 오늘날과 달라요 (활동지9-2)

: 그림을 보고 오늘날과 다른 점을 찾아 표시하고 이야기 해 보는 활동이다.

– 그림 속의 할머니와 할아버지는 어떤 옷을 입고 있나요?

– 머리 모양은 어떻게 생겼지요?

– 신발은 어떤가요?

– 어떤 집에서 사나요? 그림을 보고 지금은 어떻게 변했는지 이야기 해 볼까요?

4. 재미있는 전래 동요 따라 하기-새는 새는 나무에서 자고

: 전래동요를 먼저 들어보고 따라 해 본다.

기존의 알고 있는 동요와는 조금 다른 내용일 수 있다. 내용 그대로 따라 해 보고 느낌을 이야기 해 본다.

새는 새는 나무에서 자고

새는 새는 나무에서 자고
쥐는 쥐는 굴에서 자고
소는 소는 마구간에서 자고
우리 같은 애기들은
어마 품에 잠을 잔다

〈경기지방〉
아기를 잠 재울 때 부르는 노래

---

4. 재미있는 전래놀이-공기놀이

: 작은 돌을 일정한 규칙에 따라 집고 받고 하는 놀이이다. 늦은 밤이나 여름철에 땅바닥에 마주 앉아서 하는 놀이로 보통 두 사람이 번갈아 가며 하고 여러 사람일 경우에는 편을 갈라서 하기도 한다. 이 놀이는 지방에 따라 그 노는 방법이 여러 가지 인데 한 개씩 취하는 것을 '한 알 집기'혹은 '첫 집게'라 하고 두 개씩 취하는 것을 '두 알 집기' 혹은 '두 집게'라고 하며 세 개씩 취하는

것을 '세 알 집기'혹은 '세 집게'라고 한다.

놀이 방법

바보 공기

① 한 알 집기: 공깃돌 한 알을 위로 던진 다음 바닥에 있는 한 알을 얼른 집는다. 위로 던진 공깃돌이 바다게 떨어지기 전에 집으면 된다.

② 두 알, 세 알, 네 알 집기: 한 알 집기와 마찬가지로 한 알을 던지고 바닥에 떨어지기 전에 두 알을 집는다.

③ 세 알, 네 알을 한 번에 집는다.

④ 꺾기는 공깃돌을 던져서 손등 위에 올려놓고 다시 위로 올려서 잡는다.

다섯 알 공기

① 한 알 집기 바보 공기와는 다르게 한 알을 위로 던지고 바닥에 있는 공깃돌을 집은 다음 떨어지는 공기를 집는다. 이와 같이 바닥에 있는 돌을 하나씩 모두 잡으면 한 알 집기가 끝난다.

② 두 알 집기: 이번에는 두 알씩 두 번 잡는다.

③ 세 알 집기: 세 알을 집고 나서 한 알을 잡는다.

④ 네 알 집기: 네 알을 지고 한 알을 위로 올린 다음 바닥에 모두 놓고 떨어지는 한 알을 잡는다. 다음에는 한 알을 위로 올리고 네 알을 한꺼번에 집는다.

⑤ 고추장: 네 알을 손 안에 놓은 상태에서 한 알을 위로 올리고 바닥을 찍으면서 '고추장'하고 떨어지는 한 알을 잡는다.

⑥ 된장: 손 안에 있는 다섯 알을 모두 위로 올렸다가 다시 잡으며 '된장'한다.

⑦ 꺾기: 공깃돌을 던져서 손등에 올려놓고 다시 위로 올려서 잡는다.

- 유아들은 눈과 손 협응이 잘 이루어지지 않으므로 천천히 익히고 충분히 접한 후, 5알 공기놀이로 이어지게 한다.

◆ **마무리**

전래동화 이상한 샘물 박수치기를 해 본다.

이/ 상/ 한/ 샘/ 물 (사이사이 박수 한번)

이상한 / 샘물 (사이사이 세 번, 두 번)

: 어르신들과 박수를 치며 전래동화에 대해 다시 한 번 이야기 나누기를 하며 옛 전래놀이에 대해 이야기한다.

◆ Review & Tip

우리의 전래 놀이-공기놀이

작은 돌 다섯 개를 가지고 여러 가지 다양한 형태로 노는 것을 보고 〈해동죽지〉를 지은 최영년은 "조 자룡 이구슬을 가지고 노는 것 같다."라고 표현했습니다. 우리 나라 어느 곳에서나 계절에 상관없이 하며 다른 나라에서도 하는 세계적인 놀이입니다.

유럽에서는 우리와 같이 작은 돌을 가지고 공기 하는 것이 옛날 도자기 등의 그림으로 출토되기도 하였지요. 그 밖에 나라마다 놀이하는 방법은 조금씩 다릅니다. 그러나 우리 나라의 경우처럼 방법이 다양하고 기술을 필요로 하는 공기놀이는 어느 나라에서도 찾을 수 없습니다. 옛날에는 공기 하는 방법이 무려 100여 가지가 있었다고 합니다.

그럼 우리 나라 공기는 방법이 왜 이렇게 다양하고 기술이 발달했을까요? 그것은 그만큼 놀이를 많이 하다 보니 한 번 시작하면 죽지 않고 계속하게 되어 하는 사람을 제외한 나머지 사람은 그 사람을 지켜보고 있어야 하니까 재미가 없어 좀더 새로운 규칙과 기술을 만들어 내었기 때문입니다. 그래야만 자기 차례가 빨리 돌아와 재미있어질 테니까요.

우리 나라 사람들은 머리가 좋다고 합니다. 그 이유는 여러 가지가 있지만 어려서부터 뇌와 직접 관계가 있는 손을 사용한 놀이를 많이 했기 때문이라고도 합니다. (공기를 비롯하여 실뜨기, 손바닥치기, 땅 따먹기 등)

따라서 공기놀이는 단지 시간을 보내기 위한 장난이 아니라 뇌를 발달시키는 또 다른 공부라고 생각할 수도 있습니다. 공기 한다고 야단치지 말고 적극 권장하는 것이 두뇌 개발에 좋다고 할 수 있습니다.

🐘 동화 놀이 21

와! 이렇게 달라졌어요!

아래 그림을 보고 어떻게 달라졌을지 상상해보세요.
그리고 선을 그어 어떻게 달라졌는지 이야기 해 보세요.

🐘 동화 놀이 2

옛날과 오늘은?

옛날과 오늘날은 사는 곳도 사용하는 물건도 입고 있는 옷도 달라요.
그림을 보고 어떻게 달라졌는지 ○표시를 하며 이야기 해 보세요.

흥부 놀부

옛날하고도 아주 먼 옛날에 형제가 살고 있었어요.

부모님이 돌아가시자 형 놀부는 동생 흥부를 집에서 내쫓았어요.

"넌 이제 나가서 살아. 한 푼도 줄 수 없어!"

흥부는 할 수 없이 가족을 데리고 낡은 초가집에서 살았지요.

그러던 어느 날 흥부는 다리가 부러진 제비를 보았어요.

"저런, 불쌍하게도 다리를 다쳤구나."

흥부는 제비를 정성껏 치료를 해주었어요.

"자, 이제 건강해졌으니 어서 따뜻한 강남으로 가려므나."

흥부네 아이 열 한 명도 모두 손을 흔들어 주었지요.

다음해 따뜻한 봄이 되었어요.

강남 갔던 제비 돌아와서 박 씨 하나를 떨어뜨리고 갔어요.

"우와, 이렇게 큰 박 씨가 있다니!"

흥부네 아이들은 큰 박 씨를 보자 눈이 둥그레졌지요.

흥부는 정성스레 박 씨를 심었어요.

"씨앗도 크더니 박도 아주아주 크구나."

둥글고 큰 박이 주렁주렁 열었지요.

흥부네 가족은 잘 익은 박을 슬금슬금 톱질했어요.

"박을 타세~ 둥글둥글 박 타세~"

"펑! 펑! 우르르륵~"

아니 이게 어찌된 일일까요?

"우와! 쌀이 쏟아진다!"

"금은보화도 와르르르 쏟아진다."

글쎄 박 속에서 보물이 펑펑 쏟아졌지 뭐예요.

이 소문을 들은 욕심 많은 형 놀부는 심술이 났어요.

"흥! 나도 복 받을 거야."

놀부는 일부러 제비를 잡아서 다리를 부러뜨렸지 뭐예요.

"제비야, 나에게도 박 씨를 가져다오."

다음해 따뜻한 봄날, 제비는 놀부에게도 박 씨를 물어다주었지요.

놀부가 심은 박 씨도 무럭무럭 자라났어요.

"영감, 동생 흥부보다 우리가 더 부자가 되어야지요."

놀부 아내는 둥글고 큰 박을 바라보며 좋아했지요.

"아, 그럼 그럼!"

드디어 주렁주렁 달린 박을 따서 톱질을 하기 시작했지요.

"에헤디야, 금은보화 쏟아져라! 에헤디야~."

놀부 가족들은 신나게 톱질하였지요.

"펑! 펑! 으르르륵~"

그런데 이게 어찌된 일일까요?

"이 놈! 욕심만 부리고."

"이 놈! 일부러 제비 다리를 부러뜨리다니!"

무서운 도깨비들이 박에서 우르르 몰려나왔지 뭐에요.

"아이구, 잘못했습니다요. 한번만 용서해 주십시오."

놀부는 바들바들 떨며 용서를 빌었답니다.

– 개작 : 성현주, 3분 원고 –

〈흥부 놀부〉 수업지도안

학습 목표	1. 전래동화를 듣고 상황을 상상하며 생각을 이야기 할 수 있다. 2. 전래동요에 맞추어 리듬감을 익히고 신체표현놀이를 할 수 있다. 3. 동시 짓기를 통해 상상력을 기를 수 있다. 4. 전래놀이 〈딱지 치기〉를 통해 조형능력을 기르고 힘 조절 능력을 기를 수 있다.
수업 방법	전래동요 부르기(형님 오네), 전래놀이하기 (딱지 치기)
준비물	딱지를 만들 수 있는 종이 (신문이나 잡지를 이용해도 무관)

웃는 얼굴 예쁜 얼굴 만들기

"눈썹~ 올리고 윙크 윙크 윙크 윙크 (오른쪽 왼쪽)"

"오른쪽 왼쪽 위 아래 한 번 더"

"얼굴 쭉~ 빼고 바람 가득"

"입 꼬리 올리고 개구리 뒷다리~(10초)"

　: 웃는 얼굴 예쁜 얼굴 트레이닝은 수업 시작 전 항상 따라 해 보고 시작을 한다.

◆ **활동준비**

　　－

◆ **도입**

1. 노래 부르기 〈흥부와 놀부〉 김영일 작사, 나문열 작곡 참고 & 신체표현하기

　: 노래를 부르며 리듬에 맞춰 톱질하는 것을 신체로 표현을 해 볼 수 있도록 한다.
　　신체를 이용하여 박을 타는 모습을 다양한 동작으로 창의적으로 표현해본다.

◆ **전개**

1. 전래동화 들려주기 & 동화 피드백

　: 교사가 전래동화 〈흥부 놀부〉를 읽어주고 어르신들은 잘 들을 수 있도록 한다.

〈흥부 놀부〉에 대하여……

– 제비가 흥부 집에 갖다 준 것은 무엇이었나요?

– 왜 박씨를 가져다 주었을까요?

– 할아버지가 샘물을 마시고 어떻게 변했나요?

– 너무 많이 마신 옆집 할아버지는 어떻게 됐지요?

– 제목을 바꾼다면 어떤 제목으로 하고 싶나요?

2. 퍼즐놀이 2 (활동지 10-1)

: 가로 세로 문제를 잘 읽어보고 풀어서 적어보는 활동이다.

3. 이박 타면 (활동지 10-2)

: 동화를 듣고 박 속에 무엇이 있을지 상상을 하여 동시를 지어보는 활동이다.

4. 재미있는 전래 동요 따라 하기- 형님 오네 형님 오네

: 전래동요를 먼저 들어보고 따라 해 본다.

기존의 알고 있는 동요와는 조금 다른 내용일 수 있다. 내용 그대로 따라 해
보고 느낌을 이야기 해 본다.

형님 오네 형님 오네

형님 오네 형님 오네
분고개로 형님 오네
형님 마중 누가 갈까
형님 마중 내가 가지
형님 밥을 누가 하나
반달 같은 내가 하지
형님 밥은 멀로 하나
외씨 같은 전 이밥에
앵무 같은 팥을 넣고
반달 같은 내가 하지
형님 간은 멀로 하나
뒷동산에 백도라지
캐다가는 쭉쭉 찢어
형님 간은 내가 하지

〈강릉지방〉
오랫동안 헤어졌던 형님에 대한 애틋한 사랑을 표현한 노래

---

5. 재미있는 전래놀이–딱지치기

: 딱지를 칠 수 있는 약간의 공간과 딱지를 접을 수 있는 종이만 있으면 어디서든지 할 수 있는 놀이이다.

일대일로 딱지를 뒤집어 놀이를 할 수 있고, 여럿이 딱지를 뒤집어 놀이를 할 수 있고, 여럿이 함께 상대편의 딱지를 누가 더 많이 얻는가 하는 놀이를 통해 성취감을 얻을 수 있는 놀이이다.

놀이 방법

* 딱지 접는 방법: 종이 두 장으로 포개어 놓고 시계 방향으로 돌려가며 접는다.

* 딱지 쥐는 방법: 엄지와 나머지 손가락 사이의 손바닥에 가볍게 쥔다.

* 딱지 치는 방법

① 딱지를 들고 상대방의 딱지 위를 힘차게 쳐 넘기거나, 발을 상대방의 딱지 옆에 가까이 대고 딱지를 비스듬히 쳐서 넘긴다.

② 상대의 딱지가 넘어가면 딱지를 갖는다.

③ 상대방의 딱지를 다 따면 이기는 놀이이다.

– 딱지의 크기와 무게에 어느 정도 제한을 두고 일방적으로 한 사람만 승리하지 않도록 한다.

◆ 마무리

전래동화 흥부 놀부 박수치기를 해 본다.

흥/ 부/ 놀/ 부 (사이사이 박수 한번)

흥부/ 놀부 (사이사이 두 번)

: 어르신들과 박수를 치며 전래동화에 대해 다시 한 번 이야기 나누기를 하며 옛 전래놀이에 대해 이야기한다.

◆ Review & Tip

우리의 전래 놀이–딱지 놀이

딱지 따 먹기

－이은철 －

딱지 따 먹기 할 때
딴 아이가
내 것을 치려고 할 때
가슴이 조마조마하다
딱지가 홀딱 넘어갈 때
나는 내가 넘어가는 것 같다

딱지치기를 해 본 경험이 있다면 아마 이 시를 읽고 "나도 그랬어. 정말"이라고 할 것이다.

딱지치기가 재미있는 이유는 잃기도 하고 따기도 한다는 데 있습니다.

남자는 여자보다 대체적으로 소유욕이 강하므로 '치기', '먹기' 즉 다른 사람의 것을 빼앗아 오는 놀이를 더 좋아합니다. 딱지치기를 비롯하여 구슬치기, 동그란 딱지 따 먹기, 돈치기, 구슬치기 등이 그것이지요.

어르신들과 직접 딱지를 만들어 보는 활동을 하면 어떨까요?

집에서 다 마신 우유곽이나 신문지 잡지 등을 이용하여 두 면을 접고 뒤집어 또 접으면 양면 딱지를 만들 수 있습니다. 딱지치기는 운동도 될 뿐 아니라 여럿이 어울려 할 수 있는 놀이로 협동심을 기르는데 도움이 된답니다.

🐘 동화 놀이 1

퍼즐놀이 2

가로 열쇠와 세로 열쇠를 잘 읽어보고 퍼즐을 풀어보세요.

1	2			4	5
	3				
				9	
6		7		10	11
	8				

〈가로열쇠〉

1. 놀부동생
3. 복숭아와 비슷하나 좀 작고 신맛이 나는 과일
4. 홍부에게 박씨를 가져다 준 새
6. 물을 담아 데우거나 따르는 그릇
8. 거미줄을 내어 그물 같은 집을 짓는 곤충
10. 제비가 홍부에게 갖다 준 것

〈세로열쇠〉

1. 돈이 많은 사람
5. 때를 씻어 내거나 빠는데 쓰는 물건
6. 밥을 풀 때 쓰는 도구
7. 발로 페달을 밟아 바퀴를 돌려서 타는 것
9. 여름에 먹는 속이 빨간 열매
11. 곡식이나 채소의 씨

골라보세요

홍부, 자두. 제비, 주전자, 거미, 박씨, 부자, 비누, 주걱, 자전거, 수박, 씨앗

🐿 동화 놀이 2

이 박을 타면?

<이 박을 타면> 동시를 지어볼까요?
박에서 무엇이 나오면 좋을 지 상상해보고 생각을 적어서 동시를 지어보세요.

이 박을 타면

지은이:

슬글슬금 톱질하세
슬금슬금 톱질하세
이 박 타면
뭐 나올까?
슬글슬금 톱질하세

첫 번째 박에서는
_____가 나오고

두 번째 박에서는
_____가 나오고

세 번째 박에서는
_____가 나오고

톱질하는 우리 가족
행복한 우리 가족

뽕구새를 아세요?

옛날 어느 마을에 방귀를 잘 뀌는 돌쇠가 살았어요.

장작을 패면서도 '뽕뽕!' 장단을 맞추었구요.

밭을 갈면서도 '뽕뽕' 박자를 맞추었지요.

"히히, 저 돌쇠놈은 품삯을 주지 않아도 불평 한 마디 없어."

그런데도 주인은 어떻게 하면 품삯을 주지 않을까 고민했어요.

'그래, 저 돌쇠놈에게 품삯을 주지 않아도 될 방법이 생각났어.'

주인은 일부러 일하는 돌쇠 옆으로 갔어요.

"뽕뽕~ 뿌우웅~"

"이게 무슨 소리냐?"

돌쇠는 너무 당황하여 자기도 모르게 엉뚱한 말을 했어요.

"저, 뽕구새 소리입니다요."

'옳거니! 방귀소리를 뽕구새라고 했겠다.'

주인은 갑자기 환한 표정을 지었어요.

"돌쇠야, 방금 소리만 내고 달아난 뽕구새를 잡아다오."

"네? 주인어른! 사실은……."

"돌쇠야, 어서 잡아 오너라. 어서~"

갑자기 쫓겨 난 돌쇠는 막막했어요.

한참을 가다보니 할아버지 혼자서 밭일을 하고 있었지요.

"저런, 할아버지 혼자서 힘들게 일하고 있다니."

돌쇠는 무밭으로 가서 무 뽑는 일을 도와드렸어요.

그런데 힘주어 무를 뽑을 때마다 방귀소리는 여전했어요.

"뽕, 뽕, 뿌웅!"

저녁이 되자 할아버지는 열심히 일해 준 돌쇠에게 밥상을 차려주었어요.

"이보게, 젊은이! 무밥일세. 무밥을 먹으면 소화가 잘 된다네."

돌쇠는 할아버지에게 뽕구새 이야기를 하였지요.

"듣자하니 주인이 자네를 쫓아내려고 일부러 그런 것 같네."

"네? 그럴 수가."

돌쇠는 할아버지가 시킨 대로 다시 주인집을 찾아갔어요.

주인은 너무 놀라 눈이 휘둥그레졌어요.

"벌~벌써 뿡구새를 찾아왔느냐?"

돌쇠는 빙그레 웃으며 주인 앞으로 다가갔어요.

"주인어른, 겨우겨우 뿡구새를 찾았습니다."

"그래? 어디 있는지 얼른 내보아라."

그러자 돌쇠는 갑자기 엉덩이를 쑥 내밀고 방귀를 뿡 뀌었어요.

"뿌웅~뿡뿡, 피식"

"어제 뿡구새에게 무을 먹였더니 소리가 다르게 나네요."

주인은 얼굴이 빨개지며 아무 말도 못했어요.

"주인님, 이제 제 품삯을 주십시오. 제가 바로 뿡구새입니다."

주인은 아무 말도 못하고 품삯을 주었답니다.

– 개작 : 성현주, 3분 원고 –

〈뿡구새를 아세요?〉 수업지도안

동   화 : 뿡구새를 아세요?
학습목표 : 방귀의 생성과정을 알아보고, 방귀 소리를 악기를 통해 표현해 본다.
수업영역 : 토론 / 음률(악기 놀이)
수업지도 : 어때요? 내가 지은 책이름? / 뿌우웅~ 따라갔어요!

🍎 생각 꺼내기

1. 노래–방귀시합(악보 별첨)

   뿡뿡뿡 방귀쟁이 / 둘이 만나 방귀시합 했다네/

   이쪽에서 뿡 저쪽에서 뿡 / 이쪽저쪽 마구마구 뿡뿡뿡/

   둘이 함께 절구 날렸네 / 하늘나라 계수나무 아래로

🍎 생각 열기

1. 동화 들려주기

2. 알아봅시다.

   T : 방귀를 뀌면 어떤 소리가 날까요? (신체를 이용하여 표현해도 좋다.)

   C : 뽀옹이요, 뿡이요, 피식이요, 뿌웅이요, 푸웅이요, 풍이요…

   T : 방귀는 왜 나오는 것일까요?

☺ 알아봅시다.

   장 내용물의 발효에 의해 생겨난 가스와 음식물과 함께 입을 통해 들어간 공기
   가 혼합된 것이다. 습관적으로 음식물을 삼킬 때 공기를 연하(嚥下)하기 쉬운
   사람(呑氣症이라고 한다)은 방귀량이 많고, 또는 음식물이나 변비 등으로 장내

발효가 쉽게 일어나는 상태가 되면 방귀는 더 늘어난다. 방귀는 장의 연동운동
이 멎거나 통과가 좋지 않을 때는 배출이 안 되므로 장폐색(腸閉塞)일 경우 방
귀 방출의 유무가 진단상 매우 중요하다. 또한, 개복 수술 후의 회복기에 장이
정상으로 움직이기 시작하면 방귀를 방출하게 되는데, 수술 후의 장의 상태를
판단하는 중요한 생리현상이다.

T : 소화가 잘 되게 하는 음식에는 무엇이 있을까요? - 활동지 2연계

3. 악기 놀이
① 여러 가지 악기를 준비한다. (트라이앵글, 탬버린, 캐스터네츠, 심벌즈 등)
② 위에서 표현한 방귀 소리를 악기의 리듬으로 표현하여 본다.
　* 뽕 - ♩ / 뿌웅 - ♩♩ / 뿌웅~ 피식 -♩♩♩
　　(악기를 사용하기 전에 박수로 리듬치기를 연습하면 좋다.)
③ 어르신이 가지고 있는 여러 가지 악기를 동시에 글자 수에 맞추어 한 박자
씩 리듬치기 한다.
　(교사가 말하는 방귀소리를 듣고 어르신은 악기를 사용하여 연습하여 본다.)
④ 교사는 "뽕구새를 아세요?" 동화를 들려주고, 동화 속에서 방귀의 소리가 나
올 때마다 악기로 표현한다.

생각 감기

1. 활동지1 - 어때요? 내가 지은 책제목!
① 활동지에 그려있는 책 겉표지의 그림을 꾸민다.
② 어르신이 작가가 되어 방귀의 이름을 뽕구새에서 다른 이름으로 바꾸고, 책
이름도 바꾸어 써 넣는다.
③ 어르신은 바뀐 이름의 책제목을 소개한다.
　(예 : 뽕치기를 아세요? - 친구와 놀 때마다 나오는 방귀 뽕치기)

2. 활동지2 - 뿌우웅~ 따라갔어요!

　① 활동지에 그려있는 우리 몸의 기관들을 알아본다.

　② 입으로 들어간 후에 식도, 위, 소장, 대장을 거쳐서 방귀로 나오기까지의 과정을 활동지 속 그림을 통해 이야기 해 본다.

　③ 몸의 기관을 지나가며 선으로 그린다.

　④ 몸의 기관 이름을 그림에 써 넣어준다. (식도, 위, 소장, 대장…)

☺ 음식물의 여행

　• 이 : 음식물을 씹어 잘게 부수어요. 윗니 16개, 아랫니 16개, 모두 32개에요.

　• 혀 : 음식물을 침과 석어 걸쭉하게 해요. 혀에는 맛을 느끼는 곳이 다르답니다.

　• 식도 : 음식물을 위로 보내요.

　• 위 : 음식물을 위액과 섞어 죽처럼 만들어요. 위액은 신경과 연결되어 있어 화를 내면 체하기 쉽지요.

　• 간 : 소화액을 만들어 위로 보내요. 우리 몸에 나쁜 균이 들어오면 없애줍니다.

　• 작은 창자 : 음식물에 소화액을 골고루 섞어요. 6m가 넘습니다.

　• 큰 창자 : 작은창자에서 온 음식물에서 물을 흡수하고 찌꺼기는 밖으로 내보내지요.

<뽕구새를 아세요?> 동화놀이 1

어때요? 내가 지은 책제목!

* 어르신 여러분이 작가가 되어 보세요.

  작가가 되어서 방귀의 이름과 책 이름을 다시 지어 보세요.

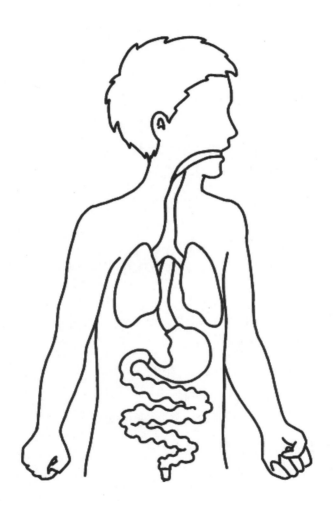

〈뽕구새를 아세요?〉 동화놀이 2

뿌우웅~ 따라갔어요!

마음을 보는 꽃

저 이웃 나라에 아이들을 사랑하는 임금님이 살았어요.

그런데 임금님은 한 가지 궁금한 것이 있었지요.

"어떻게 하면 정직한 아이의 마음을 알 수 있을까?"

한참을 생각한 임금님은 신하를 불렀어요.

"여봐라! 아이들에게 꽃씨를 나누어주겠다. 정성껏 심도록 하여라."

꽃씨는 집집마다 전해졌지요.

"이 꽃씨는 임금님이 주신 것이니 아무 데나 심을 수 없어."

아이들은 예쁜 화분에다 꽃씨를 심느라 야단이었어요.

순이는 걱정이 되었어요.

"엄마는 아파서 누워 계시고, 화분 살 돈은 없고 어떡하지?"

할 수 없이 순이는 작은 나무상자에다 꽃씨를 심었어요.

물도 주고 흙도 보드랍게 만들어 주었지요.

그런데 웬일일까요?

아무리 기다려도 싹이 나지 않았어요.

하지만 동네 아이들 화분에는 모두 예쁜 꽃들이 피었어요.

"우리 집 꽃은 노란색이야."

"우리 집에는 빨강 봉오리가 나왔어."

드디어 임금님이 명령을 내렸어요.

"꽃씨를 심은 화분을 모두 가져오도록 하라!"

아이들은 화분을 들고 궁전 뜰로 갔지요.

아이들은 가장 예쁜 옷을 입고 어머니와 함께 갔지요.

순이는 흙만 담긴 나무상자를 들고 나갔어요.

"어머, 쟤 좀 봐. 꽃도 피지 않았잖아."

"그러게 말이야, 화분도 아니야."

임금님은 차례차례 꽃들을 살펴보았지요.

그런데 임금님의 얼굴이 자꾸 찡그려졌지 뭐예요.

마침내 고개를 푹 숙이고 있는 순이 앞으로 다가왔어요.

"임금님, 용서해 주세요. 정성을 다해 길렀지만 싹이 나오지 않았습니다."

하지만 임금님의 얼굴에 웃음꽃이 활짝 피었어요.

"오호! 너야말로 가장 정직한 아이로구나."

임금님은 다른 아이들을 둘러보며 큰소리로 말했어요.

"내가 나누어 준 꽃씨는 삶은 꽃씨였다. 삶은 꽃씨에서 어떻게 싹이 나오겠느냐!
정직한 아이는 순이 밖에 없구나."

그제야 아이들은 부끄러워 얼굴이 빨개졌어요.

모두들 싹이 나오지 않자 다른 꽃을 가져 왔거든요.

"나는 거짓이 없고 정직한 순이에게 큰상을 내리겠노라."

순이는 어머니의 병도 고치고 행복하게 살았답니다.

— 개작 : 성현주, 3분 원고 —

〈마음을 보는 꽃〉 수업지도안

> 동   화 : 마음을 보는 꽃
> 학습목표 : 진실한 마음의 소중함을 안다.
> 수업영역 : 신체 표현 / 미술
> 수업지도 : 글자 꽃이 피었어요. / 모자이크 그림이에요!

 생각 꺼내기

1. 손 유희 – 씨앗

   씨앗 하나가 / 불 위에 떨어졌어요. / 앗! 뜨거.

   씨앗 하나가 / 물 위에 떨어졌어요. / 아이, 시원해.

   씨앗 하나가 / 얼음 위에 떨어졌어요. / 앗! 미끄러워.

   씨앗 하나가 / 자갈밭에 떨어졌어요. / 아야, 아야.

   씨앗 하나가 / 풀밭에 떨어졌어요. / 아이, 포근해.

   (씨앗이 떨어진 장소를 여러 가지로 바꾸어 표현해 본다.)

 생각풀기

1. 동화 들려주기

2. 이야기 나누기

   여러분은 어떤 꽃을 좋아하나요? (꽃을 좋아하는 이유도 함께 이야기한다.)

   장미꽃을 좋아해요./ 무궁화를 좋아해요./ 민들레를 좋아해요./

   동화 속에 동네 아이들처럼 거짓말을 해 본 적이 있나요?

   (거짓말을 해 본 경험을 이야기 해 보고, 그 때의 느낌도 함께 이야기 해 본다.)

3. 신체표현 − 씨앗 표현하기

　　① 교사는 어르신에게 씨앗이 꽃을 피우기까지의 모습에 대해 이야기 해준다.

　　② 사계의 "봄"을 들으면서 씨앗의 모습을 표현하여 본다.

　　③ 교사의 이야기에 맞추어 몸으로 표현한다.

　　　♪ 씨앗이 점점 자라고 있어요.

　　　♪ 물도 먹고 음식도 먹고 드디어 싹이 났어요.

　　　♪ 하루, 이틀, 삼일이 지나고 꽃 봉우리가 생겼네요.

　　　♪ 드디어 꽃이 되었어요.

생각감기

1. 활동지 1 − 글자 꽃이 피었어요.

　　① 교사는 화분에 어르신의 수준에 맞추어 글자 하나를 쓴다.

　　　(예 - 가, 나… 등)

　　② 활동지를 설명해준다.

　　　"따뜻한 햇볕을 받은 화분에 글자 꽃이 피었어요.

　　　어떤 글자 꽃이 피었나요?"

2. 활동지 2 − 모자이크 그림이에요!

　　① "마음을 보는 꽃"의 마지막 장면의 그림을 소개한다.

　　　(활동지에 나와 있는 그림 소개)

　　② 활동지에 나와 있는 그림을 색칠한다.

　　③ 활동지 그림을 가위로 8등분한다.

　　④ 자른 그림을 섞는다.

　　⑤ 깨끗한 활동지에 그림조각을 붙여서 다시 그림을 완성한다.

동화놀이 1

글자 꽃이 피었어요!

* 따뜻한 햇볕을 받은 화분에 글자 꽃이 피었어요.
  어떤 글자의 꽃이 피었나요?

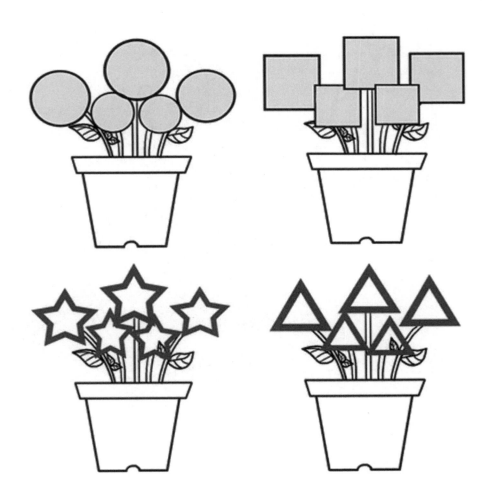

 동화놀이 2

모자이크 그림이에요!

참고문헌

고경환(2006). 저출산·고령화 사회복지 정책방향.『불기 2550년 조계종 사회복지』. 조계종 출판사.

고령화 및 미래사회위원회(2004). 고령사회에 대비한 주거환경 개선방안.

권난주,『과학동시』, 이치출판사, 2008.

권영례,『아동중심 과학활동』, 양서원 , 1997.

권육상(2000).『최신 노인복지론』. 서울 : 유풍출판사.

권중돈(2006).『노인복지론』. 서울 : 학지사.

기획예산처 보도자료(2014.2.17). 저출산·고령화 사회 대비 재정투자 확대. 노인요양시설 확충 및
        보육환경 개선.

김동배·김유심(2002). 한국노인복지행정체계의 개선방안.『연세행정논총』, 27..

김선희 외(2005).『노인학대전문상담』. 한국가족복지학회. 서울 : 시그마프레스.

김성순 편(2003).『고령사회정책론』. 서울 : 홍익제.

김순옥,『책이랑 놀자』, 한울림, 2006.

김승권(2003).『인구통계학의 이론과 실제』. 서울 : 교우사.

김영주,『영유아를 위한 발달 영역별 전래놀이의 이론과 실제-실제편』, UUP
        (울산대학교 출판부). 2001.

김정규,『문학적 접근에 의한 통합적 유아교육 프로그램』, 정민사, 2000.

김춘경,「동화의 치료적 힘을 이용한 놀이치료」,『놀이치료연구』, 제2집 2호,
        한국아동심리재활학회, 1999.

김혜경(2007).『노인복지학개론』. 경기 : 양서원.

김혜란 외(2005).『사회복지실천기술론』. 서울 : 나남출판사.

나동석(1995). 재가복지센터의 사회사업실천모형에 관한 연구.『한국사회복지학』, 통권 26호.

남궁주(2006). 노인주거시설의 개발방향에 관한 연구. 중앙대학교 사회개발대학원 석사학위논문.

노혜영(2006). 고령화 사회의 노인의료보장제도 개선방안에 관한 연구. 건양대학교 경영행정대학원
        석사학위논문.

린 부루넬,『현명한 엄마의 신나는 놀이터』, 대교베텔스만, 2007.

박영충,『수학 과학 주제 통합』, 양서원 , 1998.

박차상 외(2006).『한국노인복지론』. 서울 : 학지사.

박천오·강제상·권경득·조경호·조성한(2004).『인사행정의 이해』. 서울 : 법문사..

변재관(2001). 노인학대의 실태 및 정책방안 : 법·제도정비를 중심으로. 노인학대 세미나 자료집.

보건복지가족부(2008). 2008년 노인보건복지사업안내.

보건복지가족부(2009). 노인복지시설현황.

보건복지부 내부자료(2004.1.15). 제35회 국정과제회의 보고자료 : 저출산·고령사회 대응을 위한
    국가실천전략.

서병진(2003). 『노인복지실천경험론』. 서울 : 솔바람.

서병진(2007). 『노인복지론』. 서울 : 솔바람

서병진·고재욱(2004). 『사회복지실천현장론』. 서울 : 솔바람.

서울복지재단(2005). 복지시설종사자 위험관리 실태조사.

서울복지재단(2006). 사회복지관, 노인복지관, 장애인복지관 경영매뉴얼.

서울시(2006). 2006년 고령자 통계.

성현주, 『과학동시』, 두산동아, 2005.

성현주, 『동화구연의 지도』, 도서출판 153, 2009.

신혜원, 「노인놀이치료의 통합적 콘텐츠 개발에 관한 연구」, 고려대학교 대학원
    박사학위 논문, 2009.

양옥남 외(2013). 『노인복지론』. 경기 : 공동체.

이광렬, 『우리의 세시 풍속과 전래놀이』, 청연, 2007.

이상호, 『전래놀이 101가지』, 사계절, 2008.

이인수(2001). 『노인복지론』. 경기 : 양서원.

이인수(2010). 『21세기 노인복지론』. 서울 : 대왕사.

이준우 외(2004). 『사례와 함께하는 사회복지실천론』. 서울 : 인간과 복지.

이혜원(2000). 『노인복지론』. 서울 : 유풍.

이호선(2005). 『노인상담』. 서울 : 학지사.

임춘식 외(2005). 『세계의 노인복지정책』. 경기 : 학현사.

임춘식 외(2007). 『노인복지학 개론』. 경기 : 학현사.

정여주, 『노인미술치료』, 학지사, 2006.

최성재(2003). 고령화 사회에서의 사회보장과 복지서비스. 아산사회복지재단 심포지엄.

최순남(2000). 노년기 교육의 이론과 실제. 한국노인문제연구소.

최순남(2014). 『현대 노인복지론』. 서울 : 법문사.

최일섭·이창호(1993). 『사회계획론』. 서울 : 나남.

최혜경 외(2001). 『현대사회와 가정』. 서울 : 교문사.

크리스티네랑크, 『나는야 꼬마요가』, 다리미디어, 2005.

통계청(2006). 장래인구추계.

통계청(2010). 2009 건강보험통계연보.

통계청(2010). 2009 인구동태통계연보(혼인·이혼 편).

통계청(2014). 2010년 사회통계조사.

통계청(2015). 2014년 고령자 통계.

통계청(2015). 인구주택총조사 전수자료.

한국개발연구원(2013). 고령화에 대비한 경제정책 방향.

한국노년학회 편(2000). 『노년학의 이해』. 서울 : 대영문화사.

한국노동연구원(2007). 제8회 한국노동패널 학술대회.

한국노인과학학술단체연합회(2004). 고령사회와 세계 각국의 대응 국제심포지엄 초록집.

한국노인복지학회(2004). 『한국노인복지의 새로운 도전』. 경기 : 학현사.

한국임상사업학회(2006). 『노인복지론』. 경기 : 양서원.

한정란(2003). 『노인교육의 이해』. 서울 : 학지사.

한정란(2005). 지역사회 중심의 노인교육정책 방안. 『노인복지정책연구총서』, 27(1).

현외성 외(2001). 『한국노인복지학 강론』. 서울 : 유풍.

현외성 외(2005). 『노인케어론』. 경기 : 양서원.

茨城縣(2005). 『在宅介護サービスにおける事故予防マニュアル』.

財団法人 介護勞働安定センター(2001). 『介護サービスのリスクマネジメント』. 東京財団法人 介護勞
　　働安定セン

龜井敏明(2004). 『リスクマネジメント爭論』. 東京 : 同文舘.

厚生省(2000). 『社會法人·福祉施設のための實踐』. リスクマネジメント.

淺井タヅ子(2006.3). 『高齢者福祉施設におけるリスクマネジメント』. 日本介護経営學會. 介護経営.

Atchley, R. C.(2000). *Social Forces and Aging(9th ed) : An Introduction to Social Gerontology*. California Woodsworth.

Crane, D.(1986). Violence on Social Workers. *Social Work Monograph, 46*. Norwich, UK : University of East Anglia.

Eustic, N. N., Greenberg, J. N., & Patten, S. K.(1984). *Song Term Care for Older Persons : A Policy Perspective*. Brooks/Cole Publishing Company.

Hasenfeld, Y. & Gidron, B.(1993). Self-help Groups and Human Service Organizations ; An Interorganizational Perspective. *Social Service Review*, 65(2), 17-32.

Havighurst, R. J.(1973). Social role, work, leisure and education. In C. Eisdorfer & M. P. (Eds.). *The Psychology of adult development and socialization*. Washington, DC : American Psychological Association.

Huxley, P. & Warner, R.(1992). Case Management for Long-term Psychiatric Patients : A Study of Quality of Life. *Hospital and Community Psychiatry, 43*, 799-802.

Kadushin, A.(1985). *Supervision in Social Work.* York Colombia University Press.

Kane, R. A. & Kane, R. L.(1987). *Long Term Care : Principle, Programs and Policies.* Springer Publishing Company.

Kurzman, P. A.(1998). Managing Risk in Nonprofit Setting. Edwards, R. L. Yankey, J. A.(Eds.). *Skills for effective management of nonprofit organizations.* Washington, DC : NASW Press.

NASW(1987). Encyclopedia of practice model of case management. *The case managemocia work,* 10.

OECD(2003). 2003 Health Data.

Patti, R.(1983). *Social welfare administration.* Englewood Cliffs, NJ : Prentice-Hall.

Phillips, R.(1986). Theoretical Explanations of Elder Abuse : Competing Hypotheses and Unresolved Issue. In *Elder Abuse Conflict in the Family.* Karl A. Pillemer & Rosalie S. Wolf(Eds.). Dover, Massachusetts : Auburn House Publishing Company, 197-217.

Schwab, T. Ed.(1989). *Caring for an Aging World : International Models for Long-term Care Financing and Delivery.* McGraw-Hill Information Service.

Steinmetz, S. K.(1988). Elder Abuse by Family caregivers : Progress and Intervention Strategies. *Contemporary Family Therapy,* 10(4).

York, R. O.(1982). *Human Service Planning : Concept, Tool, and methods.* Chapel Hill, N. C. : The University of North Carolina Press.

 저자 소개

✍ **고재욱**

숭실대학교 대학원 사회사업학 석사
명지대학교 대학원 복지행정학 박사
명지대학교 대학원 아동가족심리치료 박사과정
일본스즈오까대학교 복지상담학 방문교수
서울시립대학교 겸임교수
명지대학교 사회복지대학원 객원교수
한서대학교 겸임교수

현재) 가톨릭관동대학교 사회복지학과 교수 / 평생교육원 원장
저서) 사회복지개론(2014), 정민사
　　　노인복지론(2014), 양서원
　　　사회복지행정(2016), 정민사
　　　자원봉사론(2013), 양서원
논문) 노인복지관 사회복지사의 감정노동 연구외 25편

✍ **성현주**

명지대학교 대학원 문예창착학과 석사 · 박사

현재) 문학박사 · 문학평론가 · 아동문학가
　　　가톨릭관동대학교 VERUM교양대학 교수
　　　(사)한국동화구연지도사협회 이사장
　　　(사)한국어문능력개발원 원장

수상) 제111회 「아동문예」 문학상(동화)
　　　색동문화상(동화)
　　　한국아동문학창작상
　　　「창조문학」 신인상(문학평론)

저서) 이론서 :『유아논리지도』,『동화구연 어떻게 할까?』,『동화, 이렇게 써라!』,『동화구연의 이해』,
　　　　　　　『독서논술지도』,『아동독서와 글쓰기』
　　　작품집 :『허그동화 유리꽃』,『무엇이 보이니?』,『아하! 그렇구나!』,『구석구석 우리동네』,
　　　　　　　『오줌놀이』,『우와조아』,『고릴라가 이사 가는 이유』,『노래하는 자루』,
　　　　　　　『아토피마왕을 잡아라』,『과학동시집』,『전래동화랑 영어랑』 전집 60권,
　　　　　　　『명작동화랑 영어랑』 전집60권,『동양철학동화』 전집 60권,『세계명작 전래동화』,
　　　　　　　『엄마랑 동화랑』,『창의력창작동화』 전집 60권,『국가보훈처 독립유공자 70인 동화』
　　　　　　　기획 및 공동 집필 외 다수.
　　　독서논술교재 :『세토 문학나무』,『독서미술』,『역사교실』,『유아논술』,『독서논술』 등 다수

시니어 스토리텔링 놀이치료

2016년 2월 25일 초판 인쇄
2016년 3월 2일 초판 발행

지은이   고 재 욱 · 성 현 주
펴낸이   한 신 규
편 집   오 행 복
펴낸곳   문현출판
주 소   138-200 서울시 송파구 동남로11길 19(가락동)
전 화   Tel. 02) 443 - 0211, Fax. 02) 443 - 0212
E-nail   mun2009@naver.com
등 록   2009년 2월 23일(제2009 - 14호)

ⓒ고재욱 · 성현주, 2016
ⓒ문현, 2016, printed in Korea

ISBN 978-89-94131-93-1 93370 정가 23,000원